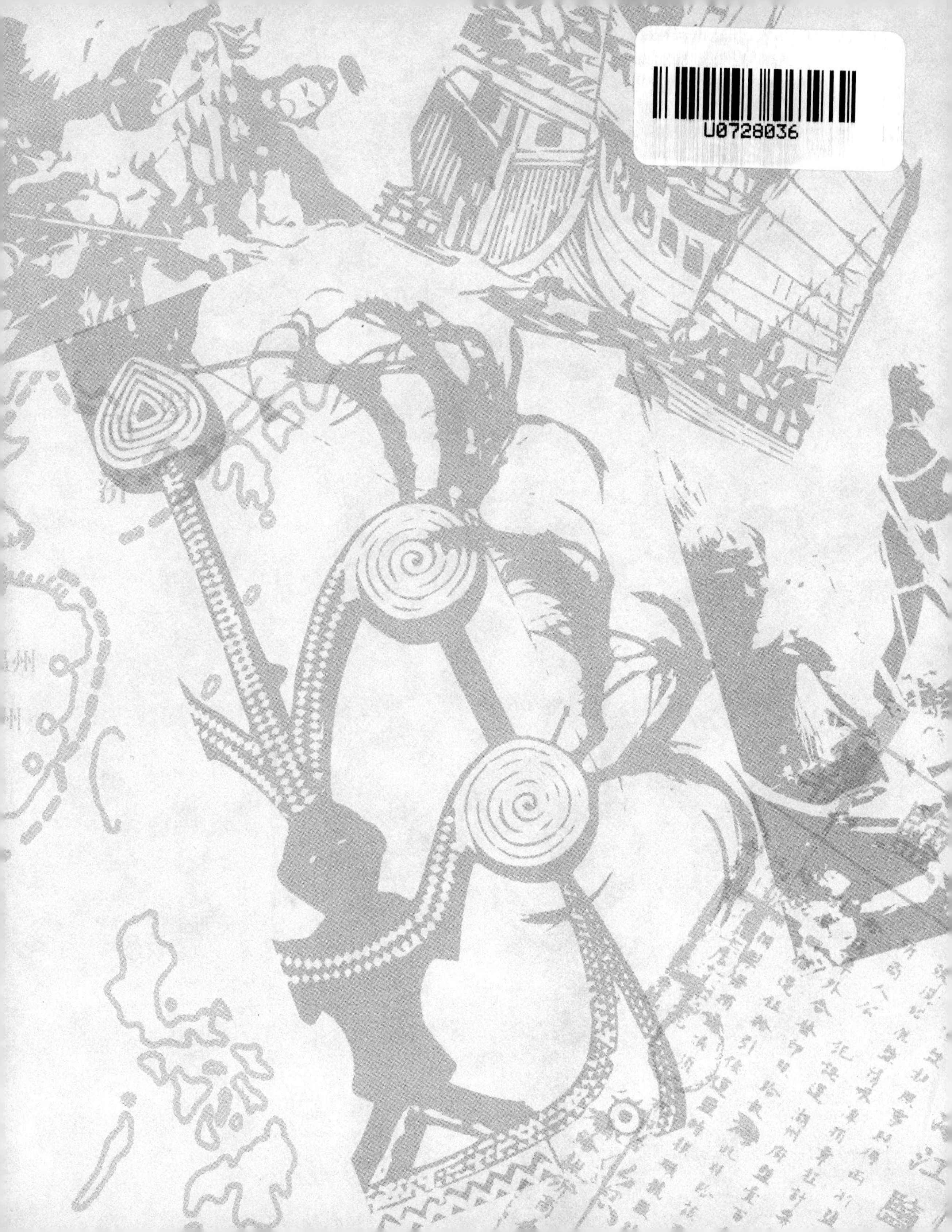

温州

福州

勇者乐海

MARINE FIGURES

赵成国 ◎ 主编

文稿编撰 / 王 珍
图片统筹 / 陈 龙 张跃飞

中国海洋大学出版社
CHINA OCEAN UNIVERSITY PRESS

中国海洋符号丛书

总 主 编　盖广生
学术顾问　曲金良

编委会

主　任 盖广生
副主任 杨立敏　曲金良　李夕聪　纪丽真
委　员（以姓氏笔画为序）
朱　柏　刘宗寅　纪玉洪　李学伦　李建筑　何国卫　赵成国
修　斌　徐永成　魏建功

总策划
杨立敏

执行策划
李夕聪　纪丽真　徐永成　王　晓　郑雪姣　王积庆　张跃飞
吴欣欣　邓志科　杨亦飞

写在前面

向海而立，洪涛浩荡，船开航兴，千帆竞进，一幅壮丽的海洋画卷跃入眼帘。

俯仰古今，从捕鱼拾贝、聊以果腹，到渔盐之利、舟楫之便，与海相依的族群，因海而生的习俗，我们的祖先与海洋结下不解之缘。

抚今追昔，贝丘遗址，海味浓郁。南海Ⅰ号，穿越古今。一把盐，可以引出背后的传奇；一艘船，可以展现先进的技术；一条丝路，可以沟通东西方文化……

中国海洋文明灿烂辉煌，中国海洋文化源远流长，中国海洋符号精彩纷呈。

本丛书上溯远古，下至清末，通过海洋部落、古港春秋、海盐传奇、古船扬帆、人文印记、海上丝路、勇者乐海，呈现积淀深厚的海洋符号。

海洋部落。勤劳智慧的人们谋海为生，在世代与海洋的互动中形成了独具族群特色的海洋信仰、风俗习惯。人们接受浩瀚大海的恩赐并与之和谐相处，创造了海神传说、渔家服饰、捕鱼习俗等海洋文化成果。

古港春秋。我国绵长的海岸线上，大小港口众多。历经沧桑的古港，见证了富有成效的中外交往历程；繁华忙碌的航线，展现了古代海洋经济的辉煌成就。

海盐传奇。悠久的盐区盐场历史、可煎可晒的制盐工艺、传奇的盐商故事、丰富的盐业遗产，成就了海盐这一特殊的海洋符号。阅读海盐传奇，一窥海盐业发展的轨迹，明晰海盐文化的脉络，感知海盐与人类生存的息息相关。

古船扬帆。没有船舶与航海，中国历史上就不会有徐福东渡和郑和下西洋，也不会有惊心动魄的海战，更不会有繁盛的海上丝路。回望文献中的海船、绘画中的海船、出水的海船遗物，探寻古代造船与航海的发展轨迹，回味曾经辉煌的历史。

人文印记。历史长河中，中华民族以海为伴，与海洋相互作用，留下许多珍贵的海洋文化遗产。以沿海城市为基点，与海洋相关的历史地理、神话传说、景观习俗等，经久不息，流传至今。

海上丝路。先民搭起木船、扯起风帆，开辟海上丝路。南海航线、东海航线，航路不断拓展。徐福东渡、遣唐使来华，中外人士相互交流。丝绸、瓷器、茶叶，中华瑰宝随船西行。玉米、辣椒、香料，舶来品影响华夏生活。"一带一路"，续写丝路新篇。

勇者乐海。读史品人，以古鉴今。随着早期海洋意识的觉醒，我国历史上的"乐海勇者"，巡海拓疆，东渡传法，谋海兴邦，捍卫海疆。他们不畏艰险，勇于探索，开拓进取，弘扬了中华民族的海洋精神，唤起了全社会的海洋意识，建设海洋强国的宏伟目标因而得以逐步实现。

中国海洋文化既富独特性，又具包容性，不仅是中国文化不可分割的部分，也是世界海洋文化的重要组成。中国拥有怎样的海洋文化，孕育出了哪些海洋符号，从中能探索到哪些海洋文化精神？这套书会带给你启迪。

好吧，来一次走近中国海洋符号、探寻中国海洋文化的精神之旅吧！

前　言

海风习习，漫步于细软的沙滩上，倾听着海浪拍击礁石的声音。夜空高挂着闪烁的星辰，向人们诉说着千万年来它们的所见所闻……

秦皇汉武数次东巡海滨，派遣使者远航海外，向浩瀚的海洋发出人类的挑战。

徐福一行于惊涛骇浪中前行，驶向未知的国度；法显和鉴真不畏艰险渡海弘法，促进了中外文化交流；亦黑迷失五次航行海外，将中华文化远播……

奉使高丽的徐兢，沉迷吴哥文明的周达观，周游各国的汪大渊……他们以手中之笔绘出海外的精彩世界，为世人留下名篇佳作；海国孤生的叶向高、开眼看世界的魏源、破冰醒世的徐继畬……他们用满腔的爱国热血发出振聋发聩的呼声。

七下西洋的郑和、六驱百舸的王景弘等，走在时代的最前端，走出了一条和平之路，让世界一睹友谊之花绽放的绚烂与美好。

潋浦海商杨氏三代、世界首富伍秉鉴，打造出震惊世界的海商帝国，使全球为之侧目；洋务重臣左宗棠、北洋水师的创办者李鸿章、兴实业以救国的张謇，在中华民族危难之际展现了他们的爱国情怀。

胡宗宪、俞大猷、戚继光、邓子龙运用智谋，杀退倭寇，谱写了一曲曲民族英雄的千古绝唱；郑成功驱荷复台，维护了我国主权和领土完整，施琅统一台湾，实现了民族大团结；关天培和甲午英烈们誓死捍卫国家领土，用鲜血和生命奏响了保卫国家的英雄赞歌。

蓝海逐浪，千帆竞发。面对海洋，历史上的勇者，勇往直前，追逐梦想。让我们翻开历史的画卷，跟随勇者们的脚步，一起走进波澜壮阔的海洋世界。

目录

徐兢：
神舟航万里，
图经说高丽

40

周达观：
风雨域外路，
文字话千年

44

汪大渊：
民间航海家，
一书述列国

49

叶向高：
海上儒家徒，
经略四夷情

53

魏源：
师夷长技以制夷，
忧国忧民言海图

56

徐继畬：
东方伽利略，
瀛寰说列国

61

七下西洋　文明远播

郑和：伟大的航海家

68

谋海济国　实业兴邦

杨氏三代：
泛海商，征远洋

78

伍秉鉴：
聚海资，
兴海贸

82

左宗棠：
兴船政，以自强

87

李鸿章：
建北洋，筑海防

91

张謇：
海洋实业救国

95

胡宗宪：
东南征倭寇，
赤胆固海防

102

俞大猷：
忠诚许国家，唯愿靖沧海

106

戚继光：
封侯非我意，
但愿海波平

110

邓子龙：
剑气御倭寇，
丹心戍海疆

116

郑成功：忠节感苍穹，肝胆照波涛

120

施琅：
东海霹雳将，
威震台湾岛

126

关天培：
虎门忠节公，
血洒珠江口

129

甲午英杰：
北洋忠烈，血染黄海

134

后记

琅琊台秦始皇派徐福东渡雕像

秦皇巡海
汉武拓疆

始皇意气，汉武雄姿，秦汉数百年的风云，谱写出一曲慷慨悲歌，吹响了华夏儿女向海洋进军的号角。秦始皇数次东巡沿海地区，梦与海神战，并派徐福东渡求仙；汉武帝一生至少10次出巡海滨，"辑江淮物，会大海气"，并派官员开辟了海上丝绸之路。

回望2000多年前，秦汉历史如画卷般展开，透过骊山和茂陵，让我们领悟千古一帝秦始皇和雄才大略汉武帝的海洋思想，找寻中华民族灵魂深处的骄傲与自豪……

秦始皇：并一海内，梦战海神

秦始皇画像

秦始皇（前259—前210），名赵政，又名嬴政。秦始皇建立了中国历史上第一个统一的中央集权制的封建帝国，首创了皇帝制度，集政治、军事、经济大权于一身。他数次东巡海滨，并派徐福东渡求仙。他对中国历史和世界历史均产生了深远的影响，被誉为"千古一帝"。

现存于中国国家博物馆的琅琊刻石是秦刻石存世的稀世珍品。秦始皇二十八年（前219），秦始皇第二次东巡，登琅琊台（位于今青岛市黄岛区琅琊镇），俯仰之间，观天地沧海，心生万丈豪情，遂命人将自己统一六国后的丰功伟绩篆刻于碑石之上。此刻石是后人研究秦始皇的重要文献资料。

琅琊刻石

秦王扫六合，虎视何雄哉

秦昭王四十八年（前259）正月，嬴政生于赵国的都城邯郸（今河北邯郸）。秦王政九年（前238），年满22岁的嬴政亲临朝政。他先后铲除了嫪毐（？—前238）和吕不韦（前292—前235）两大集团的势力，稳定了国内政局，开始放眼于统一六国的雄图霸业。

嬴政在位时，秦国实力之强盛是其余六国难以企及的。嬴政采纳尉缭（又名魏缭，生卒年不详）和李斯（约前280—前208）的建议，运用远交近攻、分化离间、合纵连横的战争策略统一六国。具体来说，第一步，笼络燕、齐，稳住楚、魏，消灭韩、赵；

秦灭六国示意图

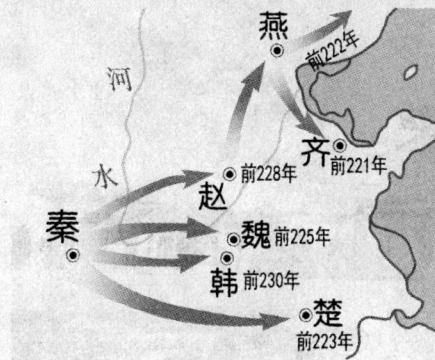

第二步，蚕食魏、楚，最后直击燕、齐，统一六国。

秦王政十五年至秦王政二十六年（前232—前221），嬴政任用王翦、王贲等大将征伐六国。秦王政二十六年，以秦国兵不血刃地夺下齐国为标志，韩、赵、魏、楚、燕、齐六国灭亡，长达两个半世纪的战国时代彻底结束，战国七雄中的最后赢家——秦国独霸九州。

逐日巡海右，拓海意志坚

作为中国历史上第一个统一帝国的缔造者，秦始皇一生中曾五次巡游天下，其中四次巡视江、浙、鲁等沿海地区。

东巡滨海筑琅琊

秦始皇二十八年（前219），秦始皇率领大臣和将士巡视山东，登上著名的峄山（位于今山东邹城东南），留下著名的《峄山刻石》（现存于邹城市博物馆）。上曰："……既献泰成，乃降专惠，亲巡远方。登于峄山，群臣从者，咸思攸长……"又召集山东的儒生、博士坐而论谈，讨论秦的威德和封禅大典等事宜。后秦始皇等人行至泰山，在泰山上立《泰山刻石》，并举行封禅大典，宣扬自己的正统地位。

离开泰山后，秦始皇一行北上到达渤海沿岸后，途径黄县（今龙口）、腄县（今烟台市福山区），直达又名"天尽头"的成山（位于今胶东半岛最东端）。今成山的旅游景点始皇庙，就是仿2000多年前秦始皇的行宫所造，这也是国内唯一一座纪念秦始皇的庙宇。欣赏完成山秀美的风景，秦始皇一行在返回途中又登上芝罘山（位于今烟台），并在此立《芝罘刻石》。

离开芝罘山后，秦始皇一行来到了琅琊山（位于今青岛市黄岛区）。秦始皇命人在此筑建琅琊台，并游玩三个月，立《琅琊刻石》，称颂秦灭六国的丰功伟绩。此刻石今仍在，但字迹多已漫漶不清。

琅琊台风景区局部

徐福东渡访仙山

秦始皇不甘心归于黄土一抔，一心追求长生不老。为迎合秦始皇追求长寿的心思，方士徐福上书秦始皇："海中有三神山，名曰蓬莱、方丈、瀛洲，仙人居之。请得斋戒，与童男女求之。"秦始皇听了大喜，征召数千童男童女，先后派遣徐福两次入海求仙。

徐福东渡群雕

始皇连弩射海鱼

秦始皇三十七年（前210），秦始皇第三次东巡琅琊台，召见徐福。徐福精心编造了一个巨大的谎言，上书道："蓬莱药可得，然常为大鲛鱼所苦，故不得至，愿请善射与俱，见则以连弩射之。"对于徐福称求取仙药之路被大鲛鱼所阻挡的说法，秦始皇将信将疑。

夜里，秦始皇梦见自己身披盔甲，手持战刀与海神（和人没有区别）交战。惊醒后，他忙召见占梦博士，博士解梦说：海神化为大鱼阻碍了皇帝向海洋进发的道路。秦始皇想到徐福的说法，打消了之前的疑虑，开始相信鲛鱼挡路之说。于是，他命令入海的将士携带捕捞大鱼的工具，自己则手持连弩，随时准备在大鱼出现时射杀它。然而，从琅琊向北直到成山，秦始皇一条大鱼都不曾遇见。到达芝罘的时候，才遇见一大鱼在海中出没，他手持连弩，将大鱼射死。

秦始皇凭借向海洋进军、开拓海洋的卓识远见和雄伟气魄，将中华文明传播海外。其"海内并一"的思想、数次长途"并海"巡行，刺激了后人对海洋探索和对海洋进行开发的社会热情。神秘莫测的蔚蓝色大海由此进入中国历史，承载了中华儿女几千年的海洋梦想。

汉武帝：辑江淮物，会大海气

汉武帝画像

汉武帝（前156—前87），名刘彻。汉武帝是中国历史上一位雄才大略的皇帝。在政治方面，他将德治与法治相结合，恩威并举。在经济方面，他推行盐铁官营，统一铸造五铢钱。在军事方面，他优抚四夷，一统中国。在思想文化方面，他"罢黜百家，独尊儒术"，使儒家思想成为我国传统思想的主流。在外交方面，他派遣张骞通西域，开辟了陆上丝绸之路；统一南越（今广东、广西大部）后，又开辟了海上丝绸之路。这两条路线的开辟大大促进了中西方经济、文化的交流。

他，派遣张骞（前164—前114）出使西域，开拓了一条横跨欧亚大陆，通往印度、波斯等国的陆上丝绸之路；他，凭借其强大的水师完成了对南越等地封建割据政权的统一，巩固了海疆，为东南与南方沿海航路的畅通打下了基础，从而开辟了海上丝绸之路。他，就是雄才大略的汉武帝。

天子东巡海，一览山海色

汉景帝前元元年（前156），刘彻（原名刘彘）生于长安皇宫漪兰殿。刘彻16岁时登上天子之位，史称汉武帝。经过一系列的政治斗争，他逐渐统一皇权，成为国家的真正掌权者。

汉武帝对海洋探索与开发的意识首先表现在他一生至少10次东巡观海。《史记·封禅书》中记载元封元年至太初三年（前110—前102），汉武帝曾六次巡海。《汉书·武帝纪》记载，天汉元年至征和四年（前100—前89），汉武帝又有四次巡海。

元封五年（前106），汉武帝南巡江淮地区，在饱览秀美风景后，即迫不及待地向着海洋进发。他率领庞大的船队，浩浩荡荡地从长江口出发。船队沿着曲折的海岸线北上，抵达琅琊。第二年三月抵达泰山进行封禅活动时，汉武帝在封禅大典上下诏："朕巡荆、扬，辑江淮物。会大海气，以合泰山。"意即我巡察江淮地区，汇合大海上的雾气，与泰山相合。此次封禅活动展现了汉武帝的海洋意识，诏书不仅表明了他对神秘海洋的向往，更可视为他对海上未知世界的征服宣言。

海上丝绸路，由此延千年

为了联合大月氏共同抗击匈奴，汉武帝派遣张骞出使西域。建元二年（前139），张骞踏上了他的西行之路。他克服重重障碍，越过艰难险阻，行走在茫茫大漠与戈壁中，打通了一条横贯东西的通道，将中国与西亚各国联系起来，促进了我国与这些国家之

泰山封禅大典景区入口处

张骞出使西域雕像

间政治、经济、文化的交流。这条路线后被学者命名为"陆上丝绸之路"。

元狩四年（前119），张骞又一次出使西域。虽然两次出使西域都未能达到结盟的目的，但作为一名伟大的先行者，张骞成功开拓了陆上丝绸之路，使大秦（罗马帝国）子民抚摸到了丝绸的光滑，也使汉朝百姓品尝到了葡萄的甘甜。

陆上丝绸之路的开辟使得西域各国感受到汉朝的强大、富庶，同时，

开阔了汉武帝的视野，使其萌生了开辟海上丝绸之路的想法。

建元六年（前135），汉武帝第一次攻打闽越，派唐蒙到番禺（今属广州）联络南越。唐蒙详细调查了从蜀地到番禺的河道路线后，向汉武帝建议："诚以汉之强，巴蜀之饶，通夜郎道，为置吏，易甚。"元鼎六年（前111），汉武帝派楼船兵10万攻打南越。统一南越后，汉朝以合浦郡为起点，开拓通向西方的海上丝绸之路，史称

"徐闻、合浦航线"。这条航线的开辟有着明确的目的，即促成中国与印度、大秦的贸易往来。

汉武帝派遣"译长"（传译与奉使）召集"应募者"（富有冒险精神的商人），从日南郡（位于今越南平治天省广治西北）、徐闻（位于今广东省徐闻县南）与合浦（位于今广西壮族自治区钦州市浦北县南）出发，沿中南半岛和印度半岛的海岸线，驶向遥远的国度。

浩瀚的海洋将陆地分割，隔断了各国之间的交流与往来。然而，当人们掌握了一定的航海技能和造船技术后，海洋便成为无远不至的路途。这条穿过马六甲海峡、贯通两大洋的航线，就是延续千年的海上丝绸之路的雏形。

灭卫氏朝鲜，复中日航线

汉惠帝元年（前194），燕人卫满率兵攻入朝鲜为王，此为卫氏朝鲜（或称卫满朝鲜）之始。卫满传国三代，至其孙子右渠王时，卫氏朝鲜不仅断绝了与汉朝的往来，而且阻断了汉朝由朝鲜通向日本的航线。元封元年（前110），汉武帝亲赴东莱，令千余人出海寻找去日本的海路。第二年，汉武帝派楼船将军杨仆率领5万水军，由山东渡海向朝鲜进发。元封三年（前108），卫氏朝鲜发生内讧，右渠王被杀，战争以汉朝的胜利而结束。汉武帝在朝鲜设立乐浪、临屯、玄菟、真番四郡，汉人在此繁衍生息，并向朝鲜和日本移民，中日之间的航路亦得以重新恢复畅通。

南海为琴，白帆为弦，美妙的琴音在海上丝绸之路上盘旋回转。汉武帝大力开辟海上交通，汉代航海家积极开拓海外航线，为我国航海事业的发展奠定了基础。海上丝绸之路远洋航线的开辟，开阔了先民们的视野，一时呈现"外使更来更去""武帝以来，皆献见"之景象，同时也将中华文明传播到了海外。

日本浮世绘《徐福出海》

文化使者
劈波斩浪

　　文化使者，在追随信仰的步伐中与海洋邂逅。徐福出海求仙，追求生命的永恒；法显西天取经，追求心灵的纯净；鉴真东渡弘法，追求灵魂的升华；亦黑迷失五使绝域，追求和平的脚步。行者无疆，他们无畏险阻，将中华文明远播海外。

　　几千年来，我国从未停止与海外诸国和平友好交流的步伐，亦未淡忘那些为此做出杰出贡献的使者们。让我们走近海洋，聆听他们奏响的和平之歌……

徐福：浮海觅仙

徐福雕像

徐福〔生卒年不详〕，又名徐市，字君房，秦朝方士，航海家。他博览群书，通晓天文、航海、医药等知识，在燕齐沿海一带颇有声望。徐福是中、日、韩文化交流的先驱者。徐福东渡，是中国历史上最早的一次大规模海外移民活动。

2000多年前，孔子曾说："道不行，乘桴浮于海。"只是圣人至死未能实现这一愿望。直到260年后，才有一个人第一次率领数千童男童女浩浩荡荡地航行于大海之上。他，就是将中华文明传播至海外的使者——徐福。

燕齐方士，出海求药

徐福生活在战乱频仍的战国末年，强大的秦国征战四方，百姓苦不堪言。博学多才的徐福虽有悲天悯人的情怀，对此却无能为力，只能坚守本心，为百姓尽微薄之力，因此，在燕齐沿海一带颇具声望。

史书上记载了徐福向秦始皇上书进言："海中有三神山，名曰蓬莱、方丈、瀛洲。"秦始皇派徐福出海求取仙药的传说由此而来。蓬莱、方丈、瀛洲三神山是有史可考的，《史记·封禅书》中有"自宣、威、燕昭，使人入海求蓬莱、方丈、瀛洲"的记载。由于受到航海技术、造船技术等因素的影响，再加上神仙思想的附会，就有了"仙人居之""黄金银为宫阙"的传说。这些传说和向海外探险的意识交织在一起,孕育了一批具有海洋探险意识的燕齐方士。作为"方仙道"一员的徐福亦不例外。

游说始皇,东渡出海

秦始皇东巡海滨的时候,徐福向其提出到海外求仙的建议。司马迁在《史记》中着重记载了徐福的两次出海航行。

秦始皇二十八年(前219),秦始皇令徐福率领童男童女数千人、带着大量的金银珠宝去求取仙药。然而,徐福空手而归。秦始皇三十七年(前210),徐福以谎言再次取得秦始皇的信任,"遣振男女三千人,资之五谷

"方仙道"

种种百工"出海求仙。然而，此次徐福竟一去不返。

史书典故，东渡成谜

《史记》是徐福东渡故事的源头，其后的典籍中记载的有关徐福东渡的内容不多。由于记载不详，徐福东渡究竟到了何处，千百年来一直是个未解之谜，研究者们为解开这个谜团做了不懈的努力。

徐福东渡目的

《史记》中描述徐福东渡的目的是出海求药，这是最为流行的一种说法；《汉书》和《后汉书》中认为徐福东渡是为了避祸，因其求蓬莱神仙不得，畏诛不敢还。此说法得到普遍认可。今天，有学者认为徐福东渡是为摆脱秦始皇的暴政统治，移民海外；另外，还有学者认为徐福东渡是为了海外开发、海外通商或复仇等说法。

徐福东渡起点

徐福东渡的起点众说纷纭，大致有山东沿海说、江苏沿海说、广东沿

海说、浙江沿海说、河北盐山说五种观点。其中，徐福在山东琅琊或江苏赣榆起航东渡的观点，在学术界较受认可。

徐福东渡终点

《史记·淮南衡山列传》中记载徐福东渡的终点为"平原广泽"。学者对此猜测众多，但以"平原广泽"为日本九州的说法最为流行。一方面，

徐福在日本登陆地的石柱

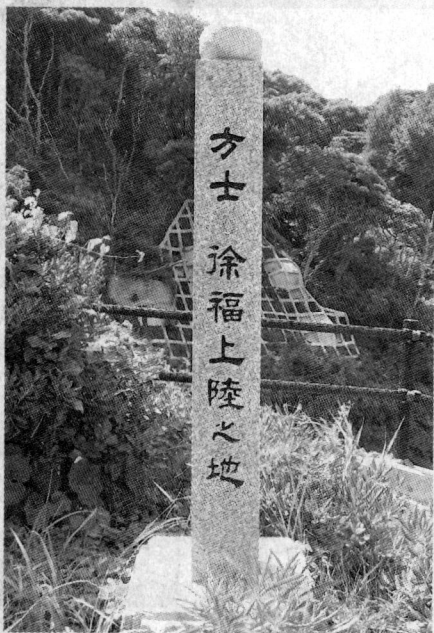

日本有徐福东渡的遗迹和纪念地多达百余处；另一方面，根据当时航海水平、潮汐洋流、造船技术等也可推测得出这一结论。

徐福东渡航线

由于史书中对徐福的航线无记载，后人只能根据当时的科技水平及洋流水文的状况来推测。现有两种说法：一种是自山东半岛琅琊台出发，沿岸北行，先到朝鲜半岛，然后抵达日本；另一种是从苏北沿海某港口（出发港意见不一）横渡黄海，或至朝鲜半岛穿过济州海峡抵达日本。由于日本海的洋流因素，返航十分困难，我国早期航海者只能留居日本。

徐福东渡文化

当今中日学界普遍认同的一个观点是，日本历史上最早大规模发展稻作农耕，乃是深受中国文化影响的结果，这和徐福东渡有着密切的关系。在日本北九州当地的传说中，稻米的种植乃徐福所传授，每年正月十五，

徐福东渡路线图（山东琅琊台出发）

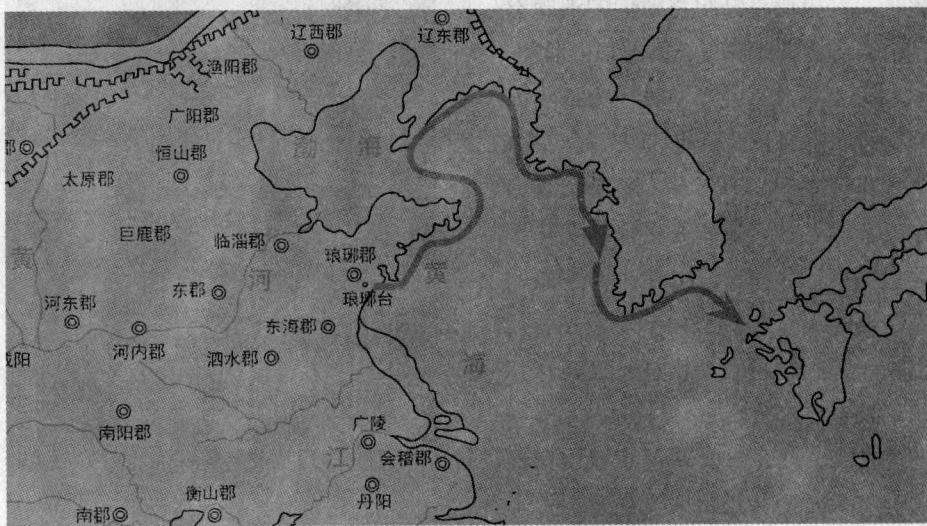

北九州的百姓都会以"御粥"来祭奠徐福。

东亚渊源，徐福文化

徐福东渡是早期中国人民认识世界、走向海外的一次成功尝试，对朝鲜半岛和日本列岛产生了深刻的影响。中、韩、日三国的徐福文化多以民间文化呈现，最为鲜明的是中、日、韩人民对徐福的祭祀活动。

河北省沧州市盐山县于每年三月廿八举办"信子节"祭祀活动，此活动最早起源于汉朝，已有 2000 多年的历史。起因是家人思念被徐福带走的孩子，希望通过祭祀将他们的魂魄召回故乡。秦皇岛也有类似的祭祀活动，被称为"望海大会"，时间为每年五月初五。在韩国，西归浦市每年举办"徐市过之"公祭活动，吸引了众多市民前来参加。日本是受徐福文化影响最为深远的国家，以徐福为主题的祭祀典礼和节日多达 50 多个。在古代日本，徐福祭祀活动由神社发起，几乎遍及全国。

在中、韩、日及其他东亚国家，现存有大量的徐福民间文化形态，形成了一个清晰的徐福文化圈。在这个文化圈里，中、韩、日三国的友好交往源远流长。

后世影响

徐福作为中、韩、日友好交往的象征，被东亚人民世代传诵。1984 年 4 月 18 日《光明日报》发表了罗其湘、汪承恭的论文《秦代东渡日本的徐福

徐福雕像〔日本〕

故址之发现和考证》，引起中、韩、日三国学术界开展"徐福研究"的热潮。同年，国内第一个徐福研究会在江苏连云港成立。此后，徐福的研究在我国乃至世界掀起高潮，中国学者有关徐福的论著相继出版。韩、日两国亦不甘落后，研究角度创新、方法创新、内容创新。学术界徐福研究掀起热潮的同时，各地以徐福文化为主题的旅游、遗址保护亦做得有声有色。山东龙口的徐公祠、江苏连云港的徐福祠、河北秦皇岛的徐福公园、浙江舟山的徐福博物馆，以及日本的徐福

雕像等，均表达了人们对徐福的尊敬。

徐福，以智慧和胆识走进海洋，在寻访"蓬莱"的过程中完成了一个方士向航海家的转变，正是"倘遂乘桴更东去，地球早辟二千年"。航海家徐福大无畏的精神影响着后世。他的东渡为中国的航海事业和中外文化交流奠定了基础。

法显：海外取经

法显画像

法显（约332至341—约418至423），俗姓龚，东晋高僧，古代杰出的旅行家和翻译家，亦是我国到海外取经求法的第一人。他据亲身经历，著《佛国记》一书，记述了中亚、印度等地地理风俗，并与他人合译了《大般泥洹经》《摩诃僧祇律》《杂藏经》《杂阿毗昙心论》等佛教经律。

《西游记》中唐僧历尽千难万险西天取经的故事妇孺皆知，世人皆称赞唐僧的原型唐朝玄奘和尚对佛教传播所做出的贡献。其实，早在东晋时期（317—420），就有一位高僧完成了取经大业，成为中国历史上西行取经并取道海路回国的第一人，此人就是法显。

三岁剃度，立志弘佛

法显是佛家法号。因身体羸弱，法显幼年便长居佛寺。他三岁在宝峰寺出家做沙弥，20岁时受了"大戒"。意志坚定的他虔心向佛，精通佛法经义，享有"志行明敏，仪轨整肃"的盛誉。

法显四处游历时，整个中国处于东晋（317—420）和五胡十六国（301—460）对峙时期，战争加剧了社会的不稳定性，为寻求心灵的慰藉，许多百姓成为佛教的忠实信徒。由于当时传播佛教的西域僧人带来的佛家典籍残缺不全，加上各地僧人各行其道，法显很是为中国佛教的状况担忧，遂决定西行印度求取真经。

花甲壮志，西行取经

东晋隆安三年（399），年过花甲的法显与志同道合的慧景、道整等人一起踏上了西行取经的征途。

此时，河西走廊早已失去了往日的平静，战乱频仍，法显西行之路尤为艰难。法显一行以枯骨为路标，走出茫茫沙海；在凌厉的寒风和同伴死亡的阴影中翻越昆仑山脉；在小乘佛教教徒的排挤中矢志西行。西行路上那步履蹒跚的身影、狂风肆虐下的串串脚印、崇山峻岭中跌跌撞撞的行进……这一次艰难的跋涉，他只为济世救民。

东晋元兴元年（402），经过三年的艰苦跋涉，法显一行终于抵达北天竺（位于今巴基斯坦北部）。此后七年，法显怀着对佛教的虔诚寻访佛经，学习印度文化，成为我国周游印度并留下记载的第一人。他在阿育王故都——巴连弗邑（今印度恒河与干达克河交接处）的寺庙居住了三年，学习梵文，抄录经律，求得《萨婆多部钞律》《摩诃僧祇律》等六部佛家经典。

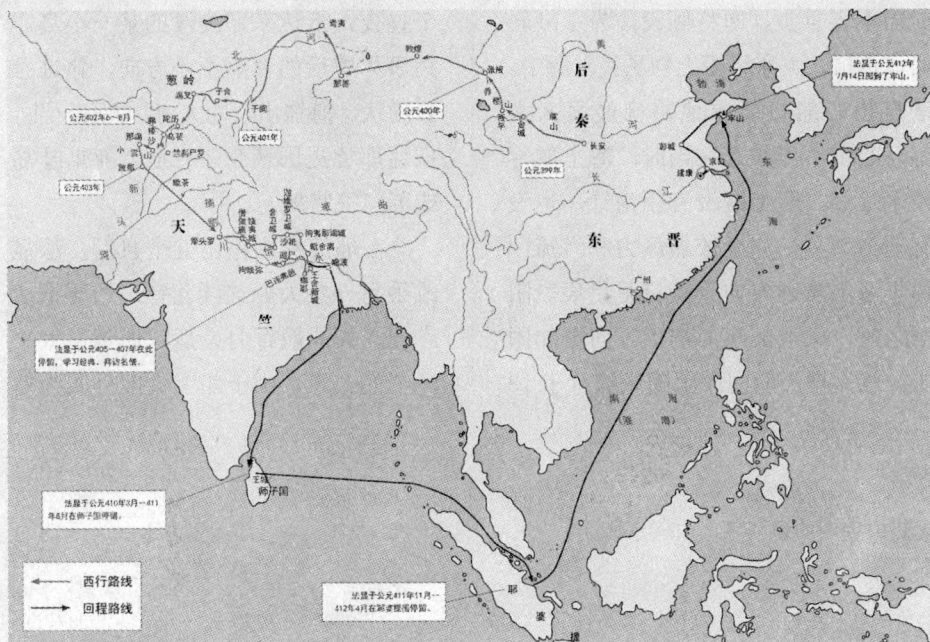

法显取经路线图

乘船归国，九死一生

一起去印度的同伴，或亡或留，只剩法显一人要回国。然而，法显回国之途可谓一路波折，极为艰难。

义熙五年（409）十一月的某日，法显搭乘一艘商船，在海上向西南方向航行，驶向师子国（今斯里兰卡）。

师子国是古代印度洋上东西方贸易的中心，物产丰富，佛教盛行。此时，

法显的最大心愿便是回归故土。只是海上波涛汹涌、风云变幻莫测，我国和师子国之间的海上交通不畅是法显最为担心的问题。归家之途似乎遥遥无期，但当他在无畏山寺看到佛像前供奉的中国白绢团扇时，不禁老泪纵横，心中重新燃起了回国的希望。

义熙七年（411），法显搭乘外国大商船起航归国。航行第二天就遇上突发性的旋风，海水不断涌进船舱，

商船不堪重负，即将倾没。为了减轻船体负担，大家将船上物品丢入海中。法显担心船员要求他将佛经丢入大海，心中不停祷念。当时，海上航行技术落后，船上既没有指南针，也没有动力装置，完全依靠风力和海流。由于海上辨别方向全赖日月星辰，阴雨之时，大浪翻滚，辨识方向更加困难。就这样，船在海上随风漂行了13个昼夜，抵达东印度洋的某一小岛。稍事休整后的商船不辨方向，穿过礁石隐伏、海盗出没的大海，九死一生，抵达耶婆提国（今印度尼西亚爪哇岛或苏门答腊岛）。

在耶婆提国停留五个月后，法显改乘另一条大船继续北行，想要抵达广州。大船航行月余后，遇到了太平洋上的台风。由于船上大部分人为婆

无畏山寺内的舍利塔

罗门教徒，他们认为是因为有法显这一佛教徒在船上，所以才会黑风四起，天降暴雨，就想把法显丢弃在附近的小岛上。幸赖同船的施主全力救助，法显才得以保住性命。

台风虽过，商船却偏离航线。所幸，商船在粮食和饮水欲尽之前停靠到了山东半岛长广郡牢山南岸（今青岛崂山南部沿海一带）。历时14年，法显终于回到了祖国。

著书立说，教化世人

法显一心为佛，《佛国记》和他所翻译的经书是他在海外14年的见证，更是他智慧的结晶。

义熙十年（414），法显根据自己的旅行见闻完成了《佛国记》。它记录了沿途各国的风土人情、山川地理，不仅是研究5世纪亚非佛教的史籍，更是中国现存史料中有关中印海陆交通的最早记载，是研究南亚次大陆的重要史料。

《佛国记》最初附于南朝梁僧祐的《出三藏记集》，《隋书·经籍志》以《法显行传》之名著录于史部，又以《佛国记》之名著录于地理类，明朝以后多称《佛国记》。19世纪以来，《佛国记》被译为多种语言出版，具有极高的学术价值。

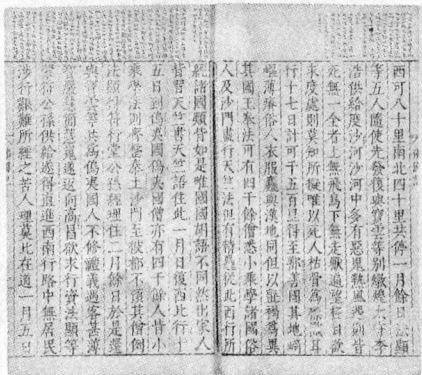

《佛国记》书影

在编著《佛国记》的同时，法显用佛法的智慧教化众生，不仅为佛家弟子宣法讲经，而且将佛学教义化作甘霖洒向芸芸众生。他将历尽千辛万苦得来的佛经或独译或与他人合译成汉文，如《大般泥洹经》《摩诃僧祇律》等。海外十余载的游历和印度学佛的经历丰富了法显的佛学思想，他形成了"人人都有佛性"的普世思想，影响了我国禅宗佛学思想的形成。

法显在黎明时分，于寂静处坐禅静思；在黄昏之后，与众弟子探讨佛学。年过古稀的他花费数年时间翻译求取的佛经，将梵文翻译成汉文，其中的艰辛难以想象。《魏书·释老志》中记载了法显翻译《摩诃僧祇律》的情状：《摩诃僧祇律》中的梵文译汉文时多有歧义，为了确保译文的准确性，法显专程奔赴江南，与天竺禅师跋陀罗进行探讨，方将此经卷译完。义熙十四年（418），法显将求取的佛经基本翻译完后，来到荆州辛寺（今湖北省荆州市江陵县），后圆寂于此。

法显西行开创了西行求法的成功之路，对后代影响深远。正是在法显为法忘躯的影响下，唐朝僧人义净（635—713）于咸亨二年（671）乘船出海，远赴印度。武周垂拱元年（685），义净带着求得的佛教梵本经书400部，踏上回国的路程。归国后，义净写成了《大唐西域求法高僧传》和《南海寄归内法传》等。

后世影响

法显作为佛教徒，万里跋涉，赴印求法，对我国佛教思想的形成和发展起了重要作用。作为我国古代到印度陆去海回历时最长、游踪最远的第一人，法显为我国和南亚诸国的友好交流做出了不可磨灭的贡献。

义净雕像

山西临汾法显纪念馆建成于2009年，馆内展示了法显纪念铜像、取经线路沙盘图、法显求法漆雕连环画及国内外各个时期、各种版本的《佛国记》等。油画家管恩智先生绘制了系列油画《法显传》。

1600多年前，法显历尽劫波，终得回国，在山东半岛长广郡牢山登陆；1600多年后，即2014年，首届"法显论坛"在青岛举行，研究"法显文化"的学者齐聚岛城，以书画的形式缅怀"法显精神"。这不仅是在缅怀法显舍身求法、开拓进取的精神，更重要的是在弘扬其沟通中外、放眼世界的精神。时至今日，法显的《佛国记》早已成为中国和中亚、印度半岛上各国友好交流的见证。

管恩智油画《法显传》之《崂山登陆》

鉴真：东渡弘法

鉴真瓷雕像（张育贤）

鉴真（688—763），俗姓淳于，唐朝僧人，医学家。唐玄宗时期，他受日本来华僧人的邀请，东渡日本弘扬佛教。十余年间，鉴真五次东渡，均遭失败，且双目失明，然其心不改，第六次终于成功东渡日本。在日十载，他积极弘扬佛法，成为日本佛教律宗开山祖师，后于日本圆寂。

纳百川之水，成滔滔之海，唐朝人以虚怀若谷的气魄吸引各国人士来华，促成了前所未有的中外交流盛况。当时，有不少日本僧人不远万里前来邀我国高僧蹈海赴日。唐朝高僧鉴真六次东渡的故事至今仍在民间广为流传。

家传身教，与佛有缘

鉴真出生于扬州。唐时的扬州异常繁华，号为"竹西佳处，淮左名都"；珠贝宝货，琳琅满目；技艺百工，天下闻名。

鉴真之父是虔诚的佛教徒。受到父亲崇佛礼佛的影响，孩童时代的鉴真对僧侣清静简朴的生活十分向往。武周大足元年（701），年仅14岁的鉴真向父亲表达了自己愿终生礼佛的志向。征得家人同意后，他在皇家庙宇大云寺（后改名为龙兴寺）剃度出家。

四年后，鉴真离开扬州，周游各地，遍访名师，不仅成长为一名对佛

扬州鉴真纪念堂

学有精深造诣的名僧，而且因了解民生疾苦而对佛教教义有了更加深刻的参悟。先天二年（713），鉴真回到故乡扬州弘法传道，不久即名扬江淮。

佛学大师，受邀东渡

在扬州居住的 30 年中，鉴真因教化众生、导人向善而声名远播。他不仅通过主持建造寺庙、修葺宝塔，掌握了大量的建筑学知识，而且钻研医学、见病施药，获得了丰富的医学经验。在日本使者邀请鉴真赴日弘法之前，鉴真门下便已人才辈出，而他本人也已成为江淮一带德高望重的高僧。

我国与日本一衣带水。经历过"大化改新"的日本进入封建时代，多次派遣使者前来学习唐朝文化。贵族和知识分子阶层非常仰慕唐朝文化，纷纷渡海赴唐。

25

日本来唐的僧侣中有两位在当时很有名，他们就是力邀鉴真东渡的荣睿和普照。荣睿和普照拜见鉴真的时候，鉴真已年过五十。他们这样表明了来意："佛法东流至日本国，虽有其法，而无传法人……愿大和上东游兴化。"

鉴真环顾四周，向众弟子道："今我同法众中，谁有应此本远请，向日本国传法者乎？"

众弟子面面相觑，鸦雀无声。沉默良久，弟子祥彦才开口说道："彼国太远，性命难存，沧海淼漫……是故众僧缄默无对而已。"

鉴真坚定地说："是为法事也，何惜身命？诸人不去，我即去耳。"

众弟子感动于鉴真不畏生死、弘扬佛法的决心，纷纷表示愿追随鉴真东渡日本。

鉴真东渡路线图

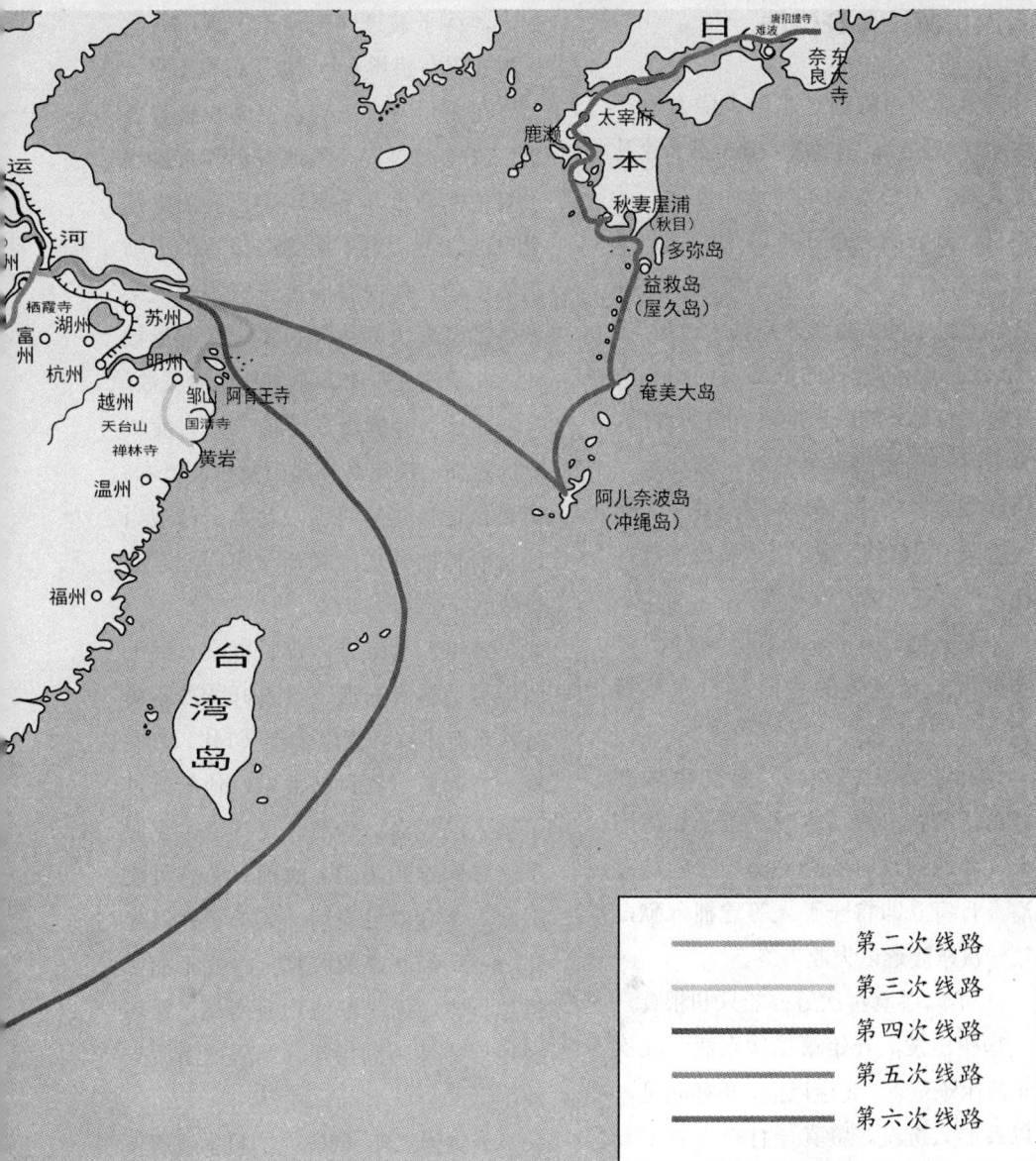

日

唐招提寺
难波

东大寺

奈良

太宰府

本

鹿濑

秋妻屋浦
（秋目）

多弥岛

益救岛
（屋久岛）

运

河

栖霞寺

苏州

湖州

富州

明州

杭州

越州

邹山 阿育王寺

天台山

国清寺

禅林寺

黄岩

温州

奄美大岛

福州

台
湾
岛

阿儿奈波岛
（冲绳岛）

▬▬▬▬▬	第二次线路
▬▬▬▬▬	第三次线路
▬▬▬▬▬	第四次线路
▬▬▬▬▬	第五次线路
▬▬▬▬▬	第六次线路

六次东渡，舍身传法

唐朝对百姓通过水陆关隘有着严格的规章制度。据《唐六典》载："凡度关者，先经本部本司请'过所'。在京，则省给之；在外，州给之。虽非所部，有来文者，所在给之。"当时，百姓通过水陆关隘必须申请"过所"，在京城的由尚书省的刑部司门司负责发放，京城外的由当地政府负责颁发。为了维护国家的安全与政权的稳定，唐朝规定"禁约百姓不许出蕃"。据《唐律·卫禁律》载，"诸私度关者，徒一年，越度者，加一等"。

鉴真及其弟子未能取得"过所"，必须冒着被流放的危险私自东渡日本。

天宝二年（743），鉴真率领部分弟子准备东渡日本时，弟子如海因个人私怨向官府诬告鉴真一行勾结海盗，官府立即将一干人等逮捕入狱，第一次东渡遂以失败告终。

同年，鉴真再次筹办船只和粮食，从扬州出发，开始第二次东渡。此次东渡困难重重，先逢巨浪，再触暗礁，以致船只沉没。鉴真一行奋力登上一无人荒岛，在缺水少粮的情况下苦熬

数天，终于被过路的渔家发现，获救后被安置在明州（今宁波）阿育王寺。

在明州阿育王寺，鉴真积极筹备第三次东渡事宜。当地僧侣和百姓出于对他的敬重，不忍年事已高的大师受风波之苦，更不愿德高望重的大师远离中国，便向官府控告日本僧人荣睿诱骗鉴真大师偷渡日本。荣睿遂被捕，几乎病死牢中。第三次东渡失败。

此后，鉴真汲取了前三次东渡失败的教训，决定从福建出发东渡日本。快要抵达福建的时候，鉴真一行被当地官府抓捕并送回扬州，第四次东渡失败。

三年后，荣睿、普照再次来到大明寺恳请鉴真东渡。鉴真开始准备第五次东渡事宜。天宝七年（748），鉴真一行起航。狂风怒浪中，他们渡过了骇人的蛇海、鱼海、飞鸟海，克服了诸多困难和险阻。然而，荣睿染疾圆寂、鉴真双目失明、大弟子祥彦坐化……历经磨难的鉴真一行并未如愿抵达日本，而是漂流到海南岛，辗转多地后才又回到扬州。第五次东渡失败了。

天宝十二年（753），日本遣唐使藤原清河和吉备真备等来到扬州拜望

鉴真，希望他东渡日本。鉴真决定搭乘日本遣唐使的船只再次东渡，此时的他已66岁。由于当时航海水平的限制，遣唐使团能够平安航行往返中日之间的不到一半。藤原清河所在的船只漂到了驩州（在今越南河静省和义安省南部），而鉴真乘坐的船只则幸运地抵达了日本。

12年的光阴，鉴真凭借坚定的意志，忍常人所不能忍，终于踏上日本的土地，开始弘扬佛法。

明州阿育王寺前牌坊

日本弘法，创立律宗

鉴真在日本受到皇室和各阶层的热烈欢迎。他在奈良传授戒律，成为日本佛教律宗的开山祖师。唐乾元二年（759），即日本天平宝字三年，鉴真主持修建的寺院正式完工，这就是著名的"唐招提寺"。四方僧徒慕名而来，学习戒律和佛法。

唐广德元年（763），鉴真身披袈裟，在日本阖然长逝，享年76岁。当鉴真逝世的消息传回国内时，扬州僧侣悲痛万分，相约服丧来向这位伟大的佛学家致哀。

后世影响

鉴真一生六次东渡，矢志不渝，为传播佛教思想、弘扬中华文化和促进中日友好交往做出了不可磨灭的贡献。1963年，在鉴真去世1200周年时，日本和我国佛教界都举行了大型纪念活动。日本佛教界将1963年定为"鉴真大师显彰年"。1973年，我国著名

建筑学家梁思成参照唐招提寺金堂设计了鉴真纪念堂。该堂现坐落于扬州市大明寺内。2007年，鉴真图书馆落成，成为全国规模最大的佛学图书馆。2011年，鉴真佛教学院正式成立，办学宗旨为"以信为本、以戒为师、解行相应"。2007年拍摄完成的纪录片《鉴真东渡》讲述了鉴真的一生，展现了他在促进中日友好交往上所做出的杰出贡献。

鉴真用坚定的意志克服重重艰险，历经六次东渡方达东瀛。他在日本讲授佛学经典，传播佛学思想，促进了中日文化的友好交往，展现了自己不畏艰险、普度众生的人生境界。

唐招提寺

亦黑迷失：五使绝域

亦黑迷失画像

亦黑迷失（生卒年不详），畏吾儿族（今维吾尔族）人，元朝航海家、外交家、水军将领。他先后五次奉命出使海外绝域，扩大了元朝的海外影响；曾航行至印度、斯里兰卡等佛教国家，促进了元朝的中外文化交流；作为水军将领，他精通船务，其丰富的航海经验为后世航海家提供了借鉴。

提起中国古代航海家，人们首先想到的是七下西洋的郑和，然而，在早于郑和下西洋 130 多年前的元朝，有位畏吾儿族航海家早已驰骋于印度洋之上，此人就是亦黑迷失。

早年经历，皇帝赏识

亦黑迷失，亦称"也黑迷失""亦黑弥什"，《元史·亦黑迷失传》关于其生平记载以亦黑迷失在至元六年（1265）入朝做官为始。

亦黑迷失初为宿卫军，即皇帝的禁卫军，因表现优异，渐为元世祖忽必烈赏识，终被委以重任。

五次出使，目的多样

据《元史·亦黑迷失传》记载，亦黑迷失 20 多年间曾五次航行于海上。

搜罗奇珍异宝

元世祖忽必烈（1215—1294）建

亦黑迷失

亦黑迷失，畏吾儿人也。至元二年，入宿卫。九年，奉世祖命使海外八罗孛国。十一年，偕其国人以珍宝奉表来朝，帝嘉之，赐金虎符。十二年，再使其国，与其国师以名药来献，奏擢甚厚。十四年，授兵部侍郎。十八年，拜潮洞店城等处行中书参知政事、招谕占城。二十一年，召还。复命使海外

十三年秋，同元帅撒里蛮、帖木儿、张弘范徇温州、瑞安，所至州郡军民。十四年，授镇国上将军，浙东宣慰使、讨台、庆元等处，所至黄溪峒，平浙东，至处州白塔屯寨，转战至于漳、泉。不花敌化，子忽都虎，浙东宣慰使都元帅，平章政事。又战于温州，平浙东，建宁盗贼，数有功，授浙西招讨使，改邵州万户，后加荣禄大夫，平章政事，卒。

子忽都答儿饥儿，官至通奉大夫，分襄蒙古军千户，从军宋有功。

帅张彦、安抚刘鄂勇攻吕城，怀都与万户忽剌出，帖木儿追截至常州，夺舟百余艘，掎张殿帅，范文虎等。冬十月，从右丞阿塔海攻常州，朱朱都就自滦州赴援，怀都提兵至梅林店，之遇，奋击大破之。十一月，取苏州、徇秀州，仍抚治邈安邀东新附军民。

《元史·亦黑迷失传》书影

元史卷一百三十一

一九四一

立元朝后，一方面为了宣扬国威，使周边国家承认自己至高无上的地位，另一方面为了搜罗海外诸国的奇珍异宝，于至元九年（1272），派遣亦黑迷失首次出使海外，目的地是八罗孛国（位于今印度半岛西南）。两年的时光里，亦黑迷失经历了海洋的洗礼，在滔天巨浪中镇定自若地指挥船队勇敢地航行。至元十一年（1274），亦

黑迷失"偕其国人以珍宝奉表来朝"，元世祖十分高兴，赐予亦黑迷失金虎符以为嘉赏。时隔一年，忽必烈命亦黑迷失再次远航。再次出使八罗孛国的亦黑迷失，改变了以往元初统治者以武力镇压别国的方式，与沿途各国和平友好地交流。八罗孛国不仅派出本国"国师"乘坐亦黑迷失的返航船回访元朝，而且献上了本国出产的名药。

亦黑迷失这两次出使海外，均圆满完成了任务，不仅宣扬了元朝国威，而且带回了大量的海外珍宝。元世祖甚为开心，擢升亦黑迷失为兵部侍郎。

迎取佛钵和舍利

至元二十一年（1284），奉命招谕占城（今越南中南部）的亦黑迷失被召回大都（今北京），忽必烈令他率领船队远航僧加剌国（今斯里兰卡）。亦黑迷失到了僧加剌国后，参观和瞻仰了佛教圣物——佛钵和舍利。作为一名虔诚的佛教徒，亦黑迷失将此事禀报了元世祖。

元朝以藏传佛教为国教，以僧侣为国师，规定皇帝继位前必须受戒。

由此可见，佛教是元朝贵族和百姓的主要宗教信仰。亦黑迷失将自己在僧加剌国的所见所闻上奏元世祖后，至元二十四年（1287），元世祖令亦黑迷失出使马八儿国（位于今印度科罗曼德尔海岸），迎取佛钵和舍利。此次航行中遇到了狂风巨浪，亦黑迷失凭借丰富的航海经验指挥船只安全抵达马八儿国。除了迎取佛钵和舍利之外，亦黑迷失还在当地搜集"良医善药"，并将马八儿国使者带回元朝。

十余载间连续四次和平远航，亦黑迷失出色地完成了元世祖交给他的外交使命，不仅扩大了元朝的海外影响，而且大大加强了元朝同南亚诸国之间的友好交往。

佛钵、佛珠等

海上军事行动

元世祖忽必烈野心勃勃，不断对周边国家诉诸武力。至元二十九年（1292），忽必烈为爪哇国（今印度尼西亚爪哇岛一带）国王拒绝亲自前来朝贡之事大发雷霆，遂任命亦黑迷失作为征讨爪哇国的最高将领之一率军出征，这是亦黑迷失第五次奉命出航海外。

向往和平的亦黑迷失对元世祖武力征服爪哇国的决定并不赞同，但他无力改变君主的决定，只能奉旨出征。亦黑迷失对爪哇国的征讨以招抚为主，后来与前爪哇国王的女婿土罕必阇耶里应外合，想要一举拿下爪哇国。不料，土罕必阇耶背叛了元军，亦黑迷失损失惨重，只得率领败军狼狈回国。亦黑迷失因此受到朝廷的惩罚，但其尽忠为国之心未变。

虔信佛教，百寺看经

亦黑迷失除了是和平使者之外，还有另一重身份，那就是虔诚的佛教徒。亦黑迷失第三次、第四次出使海外都与佛教有关。告老还乡后，他阅览全国各大寺庙中的佛经，立"一百大寺看经碑"，描述自己在一年之中朝拜全国一百所寺庙的事迹。

亦黑迷失施钞、舍田、写经、印经的行为，使其成为研究元朝佛教史和畏吾儿族佛教史必须提及的重要人物之一。

亦黑迷失五次出使海外，事由虽异，但他始终秉承"和为贵"的思想，将中华文化传播到海外。这不仅加强了元朝与东南亚诸国之间的友好交流，而且标志着宋元时期我国造船业和航海技术已达到较高水平，为明朝郑和七下西洋提供了宝贵经验。亦黑迷失不愧为我国古代杰出的航海家。

"一百大寺看经碑"上段

《宣和奉使高丽图经》书影

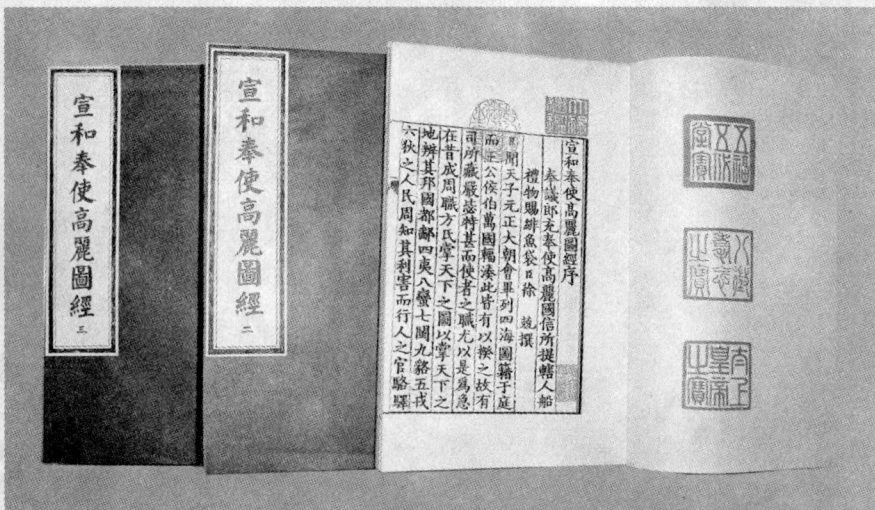

著书立说
流芳后世

　　著书立说，所需的是一种严谨的治学态度，是一种"虽未藏之名山，将以传之同好"的人生态度。宋朝，奉使高丽的徐兢为世人留下《宣和奉使高丽图经》。元朝，出使真腊的周达观在《真腊风土记》中描绘吴哥时代的繁华；民间航海家汪大渊编著《岛夷志略》，被称誉为"东方的马可·波罗"。明朝，三朝重臣叶向高撰《四夷志》，分析中国周边的海外国情。清朝，中国百科全书式的学者魏源著《海国图志》，试图唤醒沉迷于美梦中的国人；"东方伽利略"徐继畬著《瀛寰志略》，希望为中国人推开通往世界的大门……

徐兢：
神舟航万里，图经说高丽

徐兢画像

徐兢（1091—1153），字明叔，号自信居士，地理学家，书画家，诗人。他通晓音律，擅诗词，工书画，北宋徽宗时出使高丽，回国后撰《宣和奉使高丽图经》，以所见所闻叙写高丽时期朝鲜半岛的政治、经济、文化、人物、风俗礼仪、军事等情况，向世人呈现了高丽中期的社会概貌。《宣和奉使高丽图经》是研究高丽史的重要资料。

黄海浪滔滔，两岸情悠悠。在北宋与辽、金三足鼎立的时代，一位文人劈波斩浪，不顾个人安危，不计得失荣辱，航行于险象环生的大海之上，在北宋和高丽之间搭起了一座友谊之桥，此人就是徐兢。

沧海扬舵使异域

徐兢出生于仕宦之家，自幼博览群书，文思隽敏，下笔衮衮不能休，尤擅长书画，颇具盛名。宋人张孝伯《徐公行状》中记有"宋徽宗赞叹徐兢书画精绝"的故事。

命运从不辜负有准备的人。宣和四年（1122），高丽国王逝世，宋徽宗下诏遣使吊慰。出使高丽的使节必须文采斐然，因为当时要展开"诗赋外交"，在赋诗唱和中增进两国之间的情感、传播中华礼仪文化。宋徽宗经过深思熟虑，于次年任命给事中路允迪为正使，中书舍人傅墨卿为副使，聘徐兢为提辖人船礼物官，乘坐"神舟"出使高丽。

"神舟"是宋朝官方督造、专供使节出使海外乘坐的大型客船。而使团随行人员乘坐的船只名为"客舟"。据徐兢记载，"客舟"长10余丈，大桅高10丈，可载重2000斛。船体甲板平整，船底尖削如刀，有利于船只破浪而行。船上舱室分为三部分：船舱前部分底层为置放炊具和水源之处，其余为士兵居住之地；中部有官员居住的房间，装饰华丽，但对航行无益；船尾有可升降的两个正舵，可根据航道的深浅使用。至于"神舟"，则"皆三倍于客舟也"。"神舟"与

"客舟"还都采用了先进的造船术——水密隔舱。

水密隔舱至迟出现于唐代，技术成熟于宋代。它是指用隔舱板把船舱分成互不相通的舱区。由于各舱之间严密分开，即使有个别船舱漏水，水也不会流进其他船舱，从而避免船只沉没。它是预防海难的有效措施。这一技术在明朝郑和船队中得到普遍应用，而要晚到18世纪，欧洲才出现这种船舶结构。

宣和五年（1123），使团从汴京（今开封）出发，抵达明州（今宁波），乘坐两艘"神舟"和六艘"客舟"驶

水密隔舱

向高丽。

在浩渺无边的大海上，桅帆随风飘拂，滔天的巨浪随时可能将整个船队吞噬，徐兢在波峰浪谷中勇敢前行。有诗云："鲲移鹏徙秋帆健，潮阔天低晓日鲜。"当"神舟"载着使团抵达高丽时，高丽国王亲率文武百官、兵甲仪仗前来迎接。

徐兢随使团在高丽首都松都（今朝鲜开城）进行了为期一个月的访问与参观。其间，他广泛搜集资料，考察高丽的风土人情、山川地理，记录所见所闻，并以素描的方式绘制其形，对高丽有了较全面的认识和较深入的了解。

同年七月，使团满载高丽国王赠送的礼物和两国和平友好交往的愿望扬帆返航。然而，由于受到飓风的袭击，所乘船只几被风浪所毁，他们历尽艰险才得以回国。

回国后的徐兢将自己在高丽的所见所闻编撰成书，名为《宣和奉使高丽图经》。他将此书上呈宋徽宗，宋徽宗大加赞赏，赐徐兢同进士出身，迁尚书、刑部员外郎。此时的徐兢处于人生的巅峰。然而，好景不长，他被亲戚连累，遭到贬谪，又逢父丧，

北宋"神舟"出使高丽航线图

丁忧在家。服丧后，他在台州（今浙江临海）崇道观任宫观（领俸禄的闲职），一任便是 20 年。恬静清淡的日子里，他自取别号为自信居士。

图经传世述高丽

《宣和奉使高丽图经》是徐兢精力所萃之作，他也因此书流芳百世。是书共 40 卷，附有插图，全书分为

28门，详细记载了高丽的历史、地理、风俗、制度、礼仪，以及宋朝和高丽之间的海上航路。此书有两大特色：一是徐兢将自己访问和考察的第一手资料与耳闻目睹之高丽现状相结合，开创性地增加了"图"的部分，使整本书图文并茂；二是内容丰富，徐兢不仅将高丽的建国历史、建筑风格、典章制度、生产生活情况、社会风俗等一一述说，还详细记载了宋朝和高丽之间的海上航线。徐兢在书中写道："今既论潮候之大概于前，谨列夫神舟所往岛、洲、苫、屿而为之图。"此书是研究中国古代海上交通史和科技史的重要著作。

《宣和奉使高丽图经》完稿后，徐兢将其上呈御府，副本收归家藏。乾道三年（1167），徐家将其（图已佚失，仅留文字）在微江郡斋付梓，这是《宣和奉使高丽图经》的祖本，亦是宋朝仅有的刊本。乾道本刊行后，宋、元书目多有著录，时至明朝，由于抄本流行，厘正、校注版本居多。清初传世的乾道本已成海内孤本，先藏于绛云楼，后归于述古堂。清乾隆年间，出现了四库全书本和鲍廷博收入《知不足斋丛书》之刻本，这两种

版本影响颇大。新中国成立后，有朴庆辉《宣和奉使高丽图经标注》刊行于世。

另外，从朝鲜史籍中对《宣和奉使高丽图经》的引用情况可以断定，宋代时此书已流传至高丽。

徐兢废寝忘食编撰《宣和奉使高丽图经》，记录宋朝和高丽国友好往来的历史，深受两国人民的敬仰与爱戴。

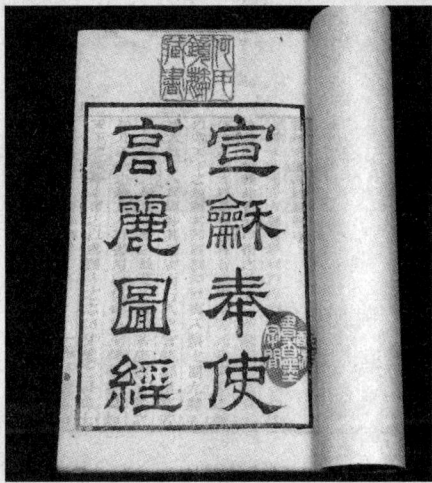

《宣和奉使高丽图经》书影

一本《宣和奉使高丽图经》见证了古时中朝的友好交往，业已成为后人研究古代中朝海上交通和中朝友好关系的重要典籍。徐兢用渊博的知识和杰出的

文采，记录了出使高丽的过程、险象环生的海上航线、先进的航海技能和造船技术、热情友好的高丽百姓，为研究两国历史文化交流提供了弥足珍贵的资料。

周达观：
风雨域外路，文字话千年

周达观铜像

周达观（约1266—1346），字草庭，号草庭逸民，元代学者，外交家，地理学家。他曾奉命出使真腊（今柬埔寨），并将所见所闻整理成《真腊风土记》一书。该书详细记载了真腊的城郭、宫室、官署、宗教、语言、文字、山川、农业、工业、贸易，以及人们日常的衣、食、住、行，具有极高的历史和地理学价值，对中国和柬埔寨的经济文化交流影响深远。

每年，成千上万的游客走进吴哥窟，领略高棉古典艺术之美，感受神秘的吴哥文明。却不知，吴哥文明曾在历史的长河中消失了400多年。直到1860年，法国博物学家才凭借一本游记让吴哥古迹重见天日。而这本游记就是《真腊风土记》，其作者则是元朝学者周达观。

扬帆起航使真腊

在柬埔寨暹粒省广阔的荒野上，有一座承载着中柬友好交往历史的山脉耸立于此，它就是荔枝山。荔枝山原名八角山，是高棉人的圣地之一。据荔枝山当地广为流传的说法，荔枝山名字的由来与中国元朝使节周达观颇有渊源。出使真腊的元朝使节周达观将荔枝种子带到真腊，并分发给当地百姓种植。数年后，漫山遍野的荔枝树挂满了累累硕果，当地百姓于是就将此山改称"荔枝山"，以将这份友谊代代相传。周达观也因此次真腊之行而撰写了《真腊风土记》，对后世影响深远。

周达观在《元史》无传，我们无法详细考证其生平阅历，仅能从他出使真腊的事迹和《真腊风土记》的记载中推知一二。

周达观博览群书，是浙江一带有名的学者，少时读《诸蕃志》，对海外世界产生好奇之心。元贞元年（1295），元朝在江浙一带召集出使使节，周达观抓住了这一机会。

次年，使团从温州出发，沿途经过福建、广州，绕过海南岛，抵达占城（今越南中部）。辞却占城人民的热情挽留，使团继续航行，经过三个多月的颠簸之苦，终于抵达真腊都城吴哥。当周达观随着使团踏上真腊的土地时已是秋天，他很快被璀璨的吴哥文明深深吸引。此时，吴哥王朝势力强盛，统治中南半岛的大部分领土。我们今天在柬埔寨看到的吴哥城、吴哥窟等印度教和佛教建筑都是吴哥时代的杰作。

周达观航行路线图

周游真腊记吴哥

周达观随使团觐见真腊国王，国王邀请他们在此地尽情游览。周达观在真腊居住了半年左右。在这段时间里，他尽情地欣赏王宫里精妙绝伦的佛像雕刻，驻足于吴哥寺前虔诚膜拜，灿烂的吴哥文明让其流连忘返。他又深入真腊的街头巷尾，观察并记录真腊人生活中的点点滴滴。辛勤的农夫在田地耕作，善良的妇人操持着家务，天真的孩童在快乐地玩耍，悠闲而美好的真腊生活，让周达观心生羡慕。

在真腊居住的半年时间里，周达观详细考察了真腊的各个方面。他最感兴趣的是吴哥王城的建筑风格。巴扬庙位于吴哥城的中心，它不是普通的庙宇，而是金光闪闪的金塔，由众多佛塔围绕，呈阶梯状散列分布。庙中翩翩起舞的仙女姿态各异，精雕细琢的纹饰绚丽夺目，栩栩如生的佛像神情各异。周达观还对真腊的动物、植物很感兴趣，记录下了高大的木棉树、美丽的孔雀、"无角之龙"（鳄鱼）等。他还认真考察了当地的经济作物和中国商品在真腊的流通情况，并记录在册。与此同时，他对真腊不讲事实证据而相信虚无缥缈的因果报应之说秉笔直书，其批判精神在《真腊风土记》的字里行间也显露无遗。

吴哥古迹

妙手文章现吴哥

大德元年（1297），周达观一行返程回国。回国后，他便投入《真腊风土记》的写作中。大德十一年（1307），《真腊风土记》一书终于完成，全书共 41 则，约 8500 字，详尽地记载了 13 世纪柬埔寨的吴哥文明，是研究中柬关系史、华侨史的珍贵资料。

《真腊风土记》一经问世，便受到学者的关注。同时期的学者邱衍读后，诗兴大发，赋诗三首赠予周达观。清代人纪昀在编著《四库全书总目提要》时，称赞此书"文义颇为赅瞻"，并将其收录于《四库全书》中。《真腊风土记》现有多种刊本、抄本、校注本在国内外广泛流传。

如果说《马可·波罗游记》使欧洲人认识了中国，那么《真腊风土记》则将东方古文明中的另一颗璀璨明珠——吴哥文明展现给了世界。作为迄今为止唯一记录繁盛时期吴哥文明的一部著作，此书成为后人研究吴哥文明的指路航标。

19 世纪以后，《真腊风土记》作为"藏宝图"被法国人翻译、研究。

《真腊风土记校注》书影

1860 年，法国博物学家亨利·穆奥按照《真腊风土记》所述的方位，找到了已经消失 400 多年的吴哥文明。隐藏在原始森林中的吴哥古迹能够得以重见天日，《真腊风土记》功不可没。随后，《真腊风土记》被译成了英、日、柬埔寨等多国语言。

柬埔寨人民为了纪念这位中柬友好的使者，在吴哥为周达观塑像。在柬埔寨民俗文化村的蜡像馆中，身着元朝官服的周达观蜡像栩栩如生。

周达观不惧航海之苦，不畏航程之险，远航真腊，考察异域风情，用手中之笔，开阔国人视野，亦为后人埋下了寻找吴哥文明的线索，诚可谓功在千秋。周达观以其《真腊风土记》为中柬关系史增添了浓墨重彩的一笔。

汪大渊：
民间航海家，一书述列国

汪大渊画像

汪大渊（1311—？），字焕章，地理学家，民间航海家。他附舶出海，从琉球群岛到非洲沿岸，远航亚非200多个国家和地区，据亲身见闻编著的《岛夷志略》一书，对研究元朝中西交通和海外诸国的历史、地理有着重要的参考价值。他被西方学者称为"东方的马可·波罗"。

细数中国历代航海家的航海事迹，他们或为国家使者，出使海外诸国；或为海商巨贾，从事海外贸易；或为宗教信徒，追求心灵升华。然而，元朝有个叫汪大渊的航海家，却只是怀揣游览天下的梦想，因纯粹的好奇心航行于大海之上。

两度风雨漂异域

汪大渊自幼聪颖好学，望子成龙的父亲为他取字"焕章"，希望他能够博览群书，成为饱学之士。他少时读《史记》，对司马迁能游历各地十分仰慕。青年时期，他曾南游到当时中国最大的商港——泉州。泉州城内，肤色各异的外国人充塞街市；市面上，珍珠翡翠光彩夺目，龙涎乳香沁人心脾；泉州城外的大海上，桅杆林立，千帆竞进……汪大渊由此对海外世界充满了想往，遂立志行万里路，欣赏四海风光。

至顺元年到至元五年（1330—1339），汪大渊前后两次"附舶出海"，足迹遍布东南亚及印度东、西海岸的各个国家和地区，甚至驶达波斯西南海岸、波斯湾、红海及东非海岸的一些港口。他将自己在海外的所见、所闻、所感记录在旅行笔记中，为完成

《岛夷志略》奠定了基础。

在汪大渊的《岛夷志略》中，其为龙涎屿命名和游览澳大利亚的记载最受关注。

当汪大渊所乘的商船航行至南巫里（今苏门答腊岛西北部）一带时，商船因需补给，慢慢靠近了一座小岛。这座小岛最奇特之处是每当天气晴朗时，会有"巨龙"在波涛中起伏并吐出泡沫，泡沫在海浪推动下漂到小岛上，这些泡沫就是名贵的"龙涎香"。汪大渊将其记录在册，并将这个岛命

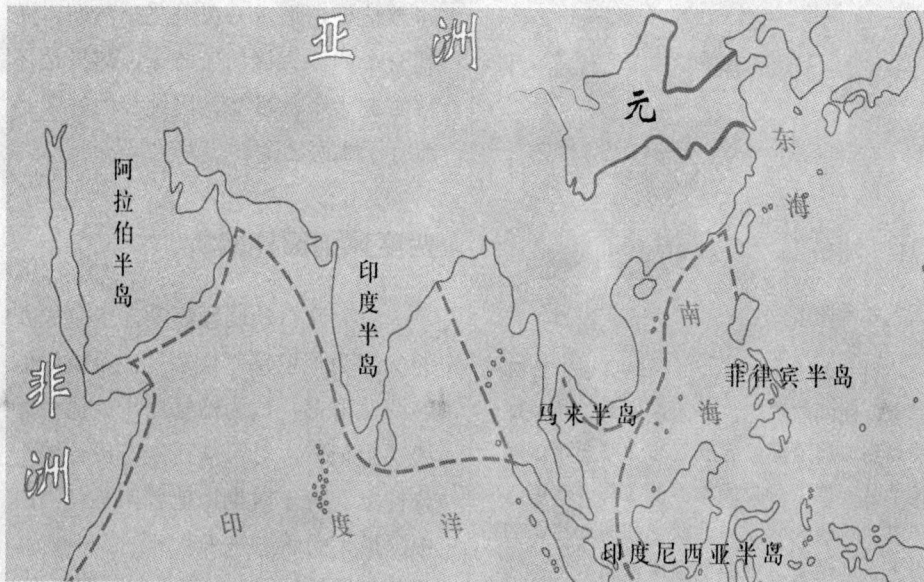

汪大渊航行路线图

名为"龙涎屿"。自此，"龙涎屿"这个名字广为人知。

勇于探索是汪大渊最宝贵的品质。除了航行至东南亚和印度半岛之外，他还向东南方向前进，因其听泉州商人和水手说，那里是世界的尽头，被称为"绝岛"。

汪大渊在海上航行了许久后，终于登上"绝岛"。他将澳大利亚的地理气候、风土人情真实无误地记录在《岛夷志略》中。有学者分析认为，这可能是关于澳大利亚最早的文字记载。

远洋航行的风险很大，特别是在航海技术、科技水平不甚发达的古代。汪大渊在惊涛骇浪中勇敢前行，渡过南海诸岛、闯过变幻莫测的急水湾（今苏门答腊岛附近）、横跨礁石密布的马尔代夫群岛、打退各路海盗劫匪的侵袭，历尽艰难险阻，航行数万里。

至元五年（1339），第二次出海的汪大渊返回了泉州。

《岛夷志略》献故乡

汪大渊秉承"所过之地，窃尝赋诗以记其山川、土俗、风景、物产之诡异，与夫可怪、可愕、可鄙、可笑之事。皆身所游览，耳目所亲见。传说之事，则不载焉"的原则，根据自己近十载的亲身经历写成了《岛夷志略》这一本海外见闻集。

《岛夷志》（明后称《岛夷志略》）成书于元顺帝至正九年（1349），当时正值吴鉴编修《清源续志》。吴鉴认为泉州为元朝第一大贸易商港，应有关于海外诸国地理和风俗的记载，遂将汪大渊的《岛夷志》附于《清源续志》之后。汪大渊返回南昌之后，又将《岛夷志略》刊行单本。次年，他邀请张翥为之作序，正式印行。

《岛夷志略》共100条，涉及的国家和地区超过200个，东起我国台湾澎湖，西至阿拉伯和东非海岸，将14世纪的南海、印度洋上的自然风光和人文景观——画卷般展现，如居住在古里地闷（今帝汶岛）的吴宅商人、马鲁涧（今伊朗西北部的马腊格）的中国陈姓酋长等，为研究古代中外关系史提供了重要的参考资料。更为重要的是，此书为明朝郑和下西洋提供了宝贵的参考。

明朝至今，《岛夷志略》倍受藏书家喜爱。据中外学者研究考证，钱

《岛夷志略校释》书影

氏"述古堂"藏有元抄本，宁波天一阁藏有明抄本，清代的《四库全书》中亦收录了《岛夷志略》。《岛夷志略》现存多种版本。19世纪中叶，英国汉学家、文学翻译家亚瑟·威利首先注意到《岛夷志略》的学术价值，在其《汉籍丛录》里列有《岛夷志略》。日本学者对《岛夷志略》的研究著作颇丰。藤田丰八以龙氏《知服斋丛书》刊本为底本，参考其他藏本，对《岛夷志略》进行了全面的校订，同时做了注释，于1914年发表在罗振玉主编的《雪堂丛刊》第二集中。1981年，中华书局出版了苏继庼校释本《岛夷志略校释》。当然，中外学者对《岛夷志略》中所指地理位置仍有不同看法，有待进一步研究。

汪大渊作为元朝著名的民间航海家，遍历东南亚、南亚、非洲沿岸200多个国家和地区，其撰写的《岛夷志略》涉猎广博、撰述精湛，是研究古代海外诸国的伟大著作。然而，他的一生就如同航行于大海之上的船只，前进的踪迹被无边的浪涛所覆盖，最终是追波逐海、客死异乡，抑或是幽居一隅、孤独终老，史书典籍中毫无记载，至今迷雾重重。

"东方的马可·波罗"汪大渊怀着探索海外世界的好奇心走出国门，实现了周游列国的壮举，令人赞赏；而他不畏艰险、梯山航海的精神尤为令人敬佩。汪大渊撰写的《岛夷志略》分条细致、内容翔实，既丰富了中国古代海洋文化，又为学者对元朝中西交通进行研究提供了宝贵的资料。

叶向高：
海上儒家徒，经略四夷情

叶向高画像

叶向高（1559—1627），字进卿，号台山，晚年自号福庐山人，政治家，文学家。他曾两度出任首辅，谥号"文忠"。他一力主战，大败倭寇，驱赶荷兰入侵者，平定东南沿海倭乱。他的海洋意识和海防思想对明末政局产生了深远的影响。其平生著作颇丰，文集有《苍霞草全集》，年谱有《蘧编》，史书有《明光宗实录》《四夷考》等。

福建福清素有"文献之邦"的美誉，自唐至清浦现出大批贤达俊杰，其中便有明朝末年号为"三朝元老"的叶向高。他的生平事迹在当地为人们所津津乐道。

生于倭乱忧国事

明朝末年，东南沿海倭寇肆虐，民不聊生。生于斯、长于斯的叶向高耳闻目睹了倭寇带来的灾难，暗自立下誓言：誓将倭寇逐出中国。

当叶向高刚刚科举入仕时，日本统治者丰臣秀吉发动了全面侵略朝鲜的战争，明朝遂派大军抗倭援朝，这场战争史称万历朝鲜战争。当时的叶向高虽为一介"芝麻官"，但他却由始至终关注着这场战争的进展，对东南沿海的海防亦密切关注。

万历三十五年（1607），明神宗下令增补内阁大臣，叶向高被提拔为礼部尚书兼东阁大学士。此后，由于其他的内阁大臣因各种原因先后离开内阁，内阁事务由叶向高独立支撑达七年之久。万历四十二年（1614），在叶向高数次向明神宗乞求归老的情况下，明神宗终于同意其告老还乡。

荐将抗倭驱荷夷

告老还乡的叶向高依旧关心国家大事，当听说倭寇又一次入侵东南沿海地区后，立即向福建巡抚建议加强海防，并推荐重新启用英勇善战的水师将领沈有容（1557—1627）。沈有容不负众望，率领福建水师消灭了入侵倭寇，并且粉碎了倭寇妄图侵占我国台湾的阴谋。

沈有容画像

天启元年（1621），叶向高二度

入阁。第二年，荷兰人占领澎湖，并不断骚扰我国东南沿海地区。朝堂上一时议论纷纷，叶向高力主驱逐荷兰侵略者。福建巡抚南居益写信向叶向高征求进攻意见，他回道："将在外君命有所不受，如何作战，南居益本人定夺。"并提出了一系列的作战建议。南居益深受启发和鼓舞，连续对荷兰侵略者展开了军事攻击。天启四年（1624），南居益成功驱逐荷兰侵略者，将俘虏的 12 名荷兰人押送进京。叶向高听到澎湖大捷的消息后，大加赞赏，并亲笔撰写碑文，详细叙述了荷兰侵占澎湖及澎湖之战的胜利经过。

天启七年（1627），69 岁的叶向高辞世。

著述等身写四夷

叶向高在繁忙的政务之余，勤于著述，著有《苍霞草》《苍霞续草》《苍霞余草》《苍霞诗草》《纶扉奏草》《续纶扉奏草》《后纶扉尺牍》《蘧编》《明光宗实录》《四夷考》等作品，其中《四夷考》论述与考证了朝鲜、日本、越南，以及明朝边地各少数民族情况。

《四夷考》原名《四夷志》，其中《女直考》因涉及清朝忌讳的内容，清初时被列入军机处第二次奏进全毁书目。

《四夷考》秉笔平书，用平实的语言记录了明朝与朝鲜、日本、越南的交往历史，为今人研究当时各国文化的交流和友好往来提供了珍贵的资料。例如，《四夷考·日本考》不仅记录了"倭寇"问题，而且记述了日本的宗教信仰等。

叶向高一生光明磊落，为官清正廉洁，勇于抗击外国侵略者，其《四夷考》是研究明朝末年与周边国家关系的珍贵资料，具有极高的文献价值。1987 年，位于福清市港头镇后叶村的叶氏宗祠被列为第二批县级重点文物保护单位。福清市区利桥街的"黄阁重纶"石牌坊，是崇祯元年（1628）叶氏家族为纪念叶向高二度出任首辅而建。

叶向高在国是日非、时局混乱的明末发挥着举足轻重的作用，他的海洋意识和海防思想对明末政局产生了深远影响。在东南沿海海域受到倭寇侵扰之际，他一力主战，保卫国家安宁；在荷兰人侵占澎湖时，他誓驱荷夷，宣示国家主权。叶向高居于高位，博览群书，所著《四夷考》是研究当时中外关系的珍贵史料，亦是研究明末海洋文化的重要材料。

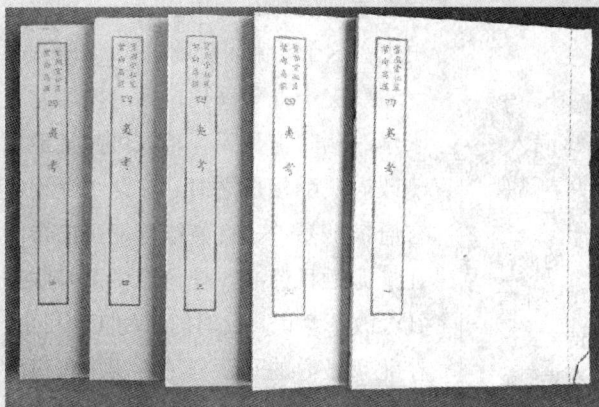

《四夷考》书影

魏源：
师夷长技以制夷，忧国忧民言海图

魏源画像

魏源（1794—1857），名远达，字默深，号良图，著名经学家，史学家，诗人，思想家。作为我国近代提倡向西方学习的主要人物，他主张"师夷长技以制夷"，倡导变法图强，并提出"大海国"的海权战略设想。魏源一生著作颇丰，代表作有《海国图志》《诗古微》《古微堂诗文集》等，堪称百科全书式的学者。他是我国近代最早的开眼看世界的知识分子之一。

魏源的一生可以用"倡经世以谋富强，讲掌故以明国是，崇今文以谈变法，究舆地以图边防，策海防以言战守"这35个字来描述。他的一生，从经世致用到变法图强，从主张边防到提倡海防，在其《海国图志》中均有源可寻。品读《海国图志》，我们可以近距离了解魏源其人，了解其"大海国"的海权思想。

北上求学忧四海

乾隆后期，统治者好大喜功、穷兵黩武，国势开始由盛转衰。魏源就出生在这个动乱纷扰的时代。

嘉庆十九年（1814），魏源北上求学，此时正是天理教农民起义遭受清政府残酷镇压之时。在北上途中，官府横征暴敛、百姓饿殍遍野的惨状让魏源触目惊心，使他产生了朦胧的社会改革意识。此时的清朝江河日下，在北京城内的知识分子阶层中，讲求变革的经世致用思想正慢慢兴起。

在京三年，魏源结识了一些对其思想意识产生重大影响的至交好友，其中有亦师亦友的陶澍、贺长龄，志同道合的龚自珍、姚莹等，思想开始倾向于经世致用，这在他的《诗古微》《书古微》中有所体现。

道光十五年（1835），魏源在江苏扬州新仓巷买地建园，叠石栽花，筑池养鱼，命名为"絜园"。这时的他有"月斜水边槛，照见花间禽"的轻松惬意，有"每浇花供佛，新饲鹤

《诗古微》书影

如孙"的平静悠闲。正是在这座雅致的园子里，他写下了一部划时代的巨著——《海国图志》。

浙海抗敌思救国

道光二十年（1840），清政府对英宣战，第一次鸦片战争爆发。这场战争是我国以落后的刀矛枪棍与西方列强的火枪大炮所进行的对抗，战争结果可想而知。第一次鸦片战争的失败，促使魏源怀着愤懑之情奔赴抗英战场。

当时两江总督裕谦全面负责江浙地区的防务，抵抗英国侵略者的骚扰。裕谦为蒙古镶黄旗人，为人忠烈，有知人善用之才。投笔从戎的魏源成为裕谦的幕僚。只是当时政治局势混乱，朝廷主战派和主和派之间的斗争激烈，道光皇帝左右摇摆，加之魏源的海防思想未能被裕谦接纳，数月之后魏源便萌生了去意。此次浙东之行，魏源虽未能一展抱负，却加深了对"英夷"的认识，促使他寻找"制夷"之策。早在道光二十年（1840），魏源就从被俘虏的英国人口中了解了英国的国情和现状，编成《英吉利小记》一书（后

收入《海国图志》）。随着清朝屡战屡败，国家忧患日益加重，魏源开始深思救国救民之路。

道光二十一年（1841），被贬谪的林则徐（1785—1850）与魏源在镇江相遇。林则徐将自己在广州主持编译的《四洲志》交给魏源。两人彻夜长谈后，林则徐嘱咐魏源编写一部帮助中国人了解世界的著作。魏源接受了林则徐的嘱托，将全部的时间和精力投到资料的搜集中。正所谓"日夜秉笔吟，心苦力亦勤"，魏源满心希望借手中之笔为国家找寻一条抗敌救亡之路。第二年，魏源完成50卷《海国图志》，后经增补，于咸丰二年（1852）完成了百卷本。

"欲师夷技收夷用"

《海国图志》是一部关于世界地理历史知识的综合性图书，详细叙述了世界地理和各国历史、政治、风土人情，提倡学习西方先进的科技，并提出"师夷长技以制夷"的思想，旨在唤醒中国人革新除弊、抵抗外来侵略者。其主要内容分为八个部分：筹海篇、地图、地志、宗教、历法、一般外情、技艺仿制、天文地理。在因

林则徐等群雕

古老中国被西方的坚船利炮轰开国门而惊慌失措的国人感到前景迷茫之时，《海国图志》如同一盏指路明灯，为身处黑暗中的国人照亮了前路。

魏源对《海国图志》进行扩充补辑共有两次：道光二十二年（1842）编成《海国图志》50卷，道光二十七年（1847）刊刻《海国图志》60卷，咸丰二年（1852）重补《海国图志》100卷。三个版本的演进，反映了魏源海洋意识和"大海国"的朴素海权观念逐渐增强。

"大海国"的海权思想是魏源《海国图志》一书的核心。著名历史学家戚其章认为其思想包括三个方面：一是创立新式海军；二是大力发展工业和航运业，促进国内外贸易的发展；三是扶植南洋华人的垦殖事业，使其为中国之藩镇。魏源在《海国图志》中构想出了"大海国"的宏伟蓝图，其中，筹海篇渗透着魏源强烈而鲜明的近代海防意识。他的"以守卫战、以战求守"的海战战术的提出，以及建船厂、设火器局、增水师科等关乎经略海洋的建议极富远见，对近代中国乃至世界都产生了重要影响。

《海国图志》一经问世，便深深

《海国图志》书影

影响了一批忧国忧民的有志之士，西学东渐由此开启。此书传入日本后，日本维新人士如获至宝，纷纷翻译、训解、刊刻。这本书使日本首次详尽地了解了西方乃至世界各国，对日本的近代化历程产生了深远影响。

魏源晚年孤寂，在生命的最后几年，他皈依佛教，刊译了《净土四经》，即《阿弥陀佛经》《无量寿经》《观无量寿经》和《普贤行愿品》。

魏源勤于著述，提出"师夷长技以制夷"的思想，力主变法图强，对后世影响深远。他在经学、史学、文学方面均不流于俗，为后世留下了文化瑰宝。他还曾亲赴战场抗击外敌，不愧为杰出的爱国主义者。

魏源吹响了"师夷长技以制夷"的号角，首先提出放眼世界、向西方学习的主张，并在《海国图志》一书中从各个角度去探索西方海洋文明强盛的原因，大大促进了近代中国人海洋意识的提升。《海国图志》是给予千万探求救亡之道的国人的一盏指路明灯，使中华儿女在抗击西方殖民侵略的同时得以开阔眼界，开始重视学习西方先进的科学技术。

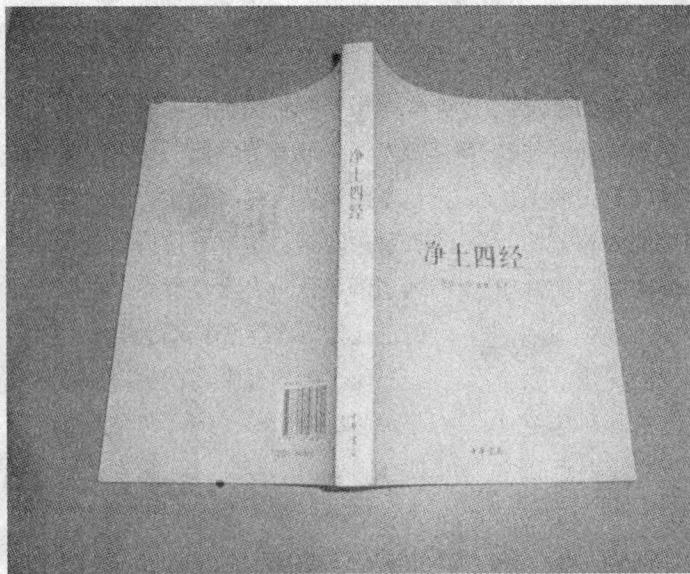

《净土四经》书影

徐继畲：
东方伽利略，瀛寰说列国

徐继畲画像

徐继畲（1795—1873），字松龛，又字健男，别号牧田，晚清名臣，著名地理学家，外交家，教育家，启蒙思想家。作为首倡民主思想的地理学家，他编撰了《瀛寰志略》，系统介绍了世界各国的地理、历史、政治、经济，开拓了国人的视野，并对日本产生了巨大影响。他是中国近代开眼看世界的伟大先驱之一。

在美国华盛顿市中心，有一座大理石方尖碑高耸直立，这就是华盛顿纪念碑。纪念碑内镶嵌着来自世界各地捐赠的纪念石，其中一块来自大洋彼岸的中国，承载着一位中国学者对美国历史和民主制度的认识。这位中国学者就是徐继畲。

博学官员仕多舛

徐继畲出生于官宦之家，年幼时便开始接受儒家经典教育。道光六年（1826），他考中进士，被选为翰林院庶吉士，后晋升为翰林院编修，不久补陕西道监察御史，后历任浔州府知府、福建延津道、汀漳龙道、广东按察使、福建布政使等职。道光二十三年（1843），徐继畲出任福建巡抚兼办通商事务。任职期间，他遇到了为官后最大的难题。这便是发生在福州的英籍传教士和医生入住乌山石神光寺的事件。由于在神光寺事件中处理问题的方法与一些官员的意见

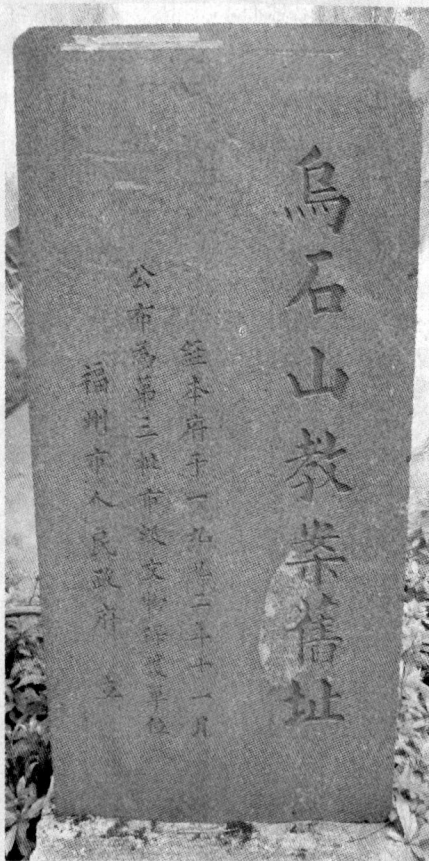

"乌石山教案旧址"碑

不合，徐继畬多次被言官上书弹劾，于咸丰元年（1851）以"身膺疆寄，抚驭之道，岂竟毫无主见，任令滋扰"的理由被革职并召回北京，贬为太仆寺少卿。次年，徐继畬因故被彻底罢官。

徐继畬的一腔治国才略在朝堂的斗争中消失殆尽，无奈之下只得回归故里。

究心西洋著瀛寰

《瀛寰志略》是徐继畬一生最为重要的著作，这本书与他任职福建巡抚有关。任职福建巡抚期间，他负责办理通商事务，有机会接触外面的世界。第一次鸦片战争之后，雅裨理作为第一批进入厦门的传教士，成为徐继畬与英国领事对话交流的翻译官。雅裨理不失时机地向徐继畬宣传基督教教义，并送给徐继畬《圣经》和一些西方地理文献资料，这对徐继畬撰写《瀛寰志略》大有裨益。

通过与雅裨理的交流，徐继畬对当时的世界地理和国际形势有了一定的了解。经过一段时间的虚心求教，并查阅大量西方文献后，徐继畬在厦门写出了 3 万多字，后又经过数次修改、增补，于道光二十八年（1848）刊印出版，定名为《瀛寰志略》。

美国传教士雅裨理

《瀛寰志略》说列国

《瀛寰志略》是徐继畲在大量学习和吸收西方近代先进的地理学思想的基础之上精心编撰而成的科学著作。全书共 10 卷，收有 40 多幅地图，对当时各个国家的方位、疆域、山川、气候、物产、风俗、历史沿革、政治、经济等一一阐述，向急于探索御辱之道的清末知识分子展示了各国面貌，是当时中国人走向世界的指南针。徐继畲的海洋思想体现其中。他所描绘的海洋不是中国传统观念中的"寰宇天下"，而是海洋包围的陆地，是崭新的"世界"观。这一整体性的观念代表着中国人对世界的认识从传统的"陆地"到近代世界地理的转变。

徐继畲用鸿篇巨作向清末士大夫展示了一个新的世界体系，提醒传统的国人做好应对新世界挑战的准备。他在《瀛寰志略》中首次提出我国海域正处于危险中的观点，希望清政府对日本及东南亚各国提高警惕。这走在时代前列的思想在士大夫阶层中引起了轩然大波。

面对士大夫的口诛笔伐，徐继畲在抨击和诋毁中踽踽独行。直到洋务运动后期，《瀛寰志略》才被奉为中国知识分子了解西方和世界的佳作。

然而，《瀛寰志略》在日本却有着不同的命运。当我国的文人、士大夫痛斥此书时，日本却将其奉为圭臬。通过这本世界地理知识的基础著作，日本的维新人士了解了世界发展的历史，认清了前进的方向。此书被翻译为日文并多次出版。

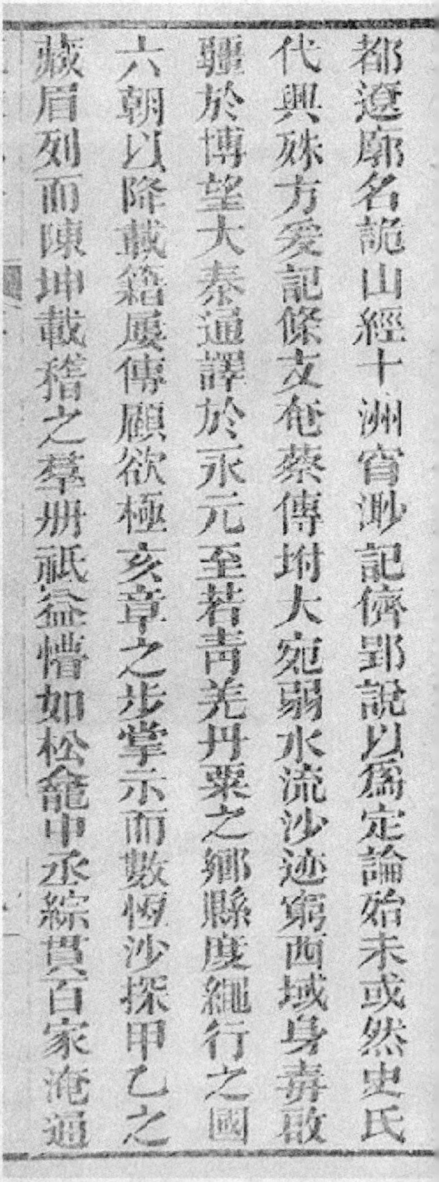

都遼廓名詭山經十洲宦渺記僑郡説以獨定論始未或然史氏

代興殊方爰記篠支奄蔡傳垆大宛弱水流沙迹窮西域身毒敢

驤於博望大泰遍譯於永元至箸青羌丹粟之鄉縣度繩行之國

六朝以降載籍屢傳顧欲極亥章之步掌示而數愜沙探甲乙之

藏眉刻面陳坤載稽之辇册祇益憶如松龕中丞綜貫百家淹通

　　徐继畲舍弃陈旧的观念，以超出同时代人的思想高度不耻下问，向西方人了解世界各国之情况，广求西方书籍资料，经反复修改、增补，终撰成《瀛寰志略》，启迪国人体察世界大势、鼓励国人奋发图强。徐继畲无愧于"东方伽利略"的美誉。

《瀛寰志略》书影

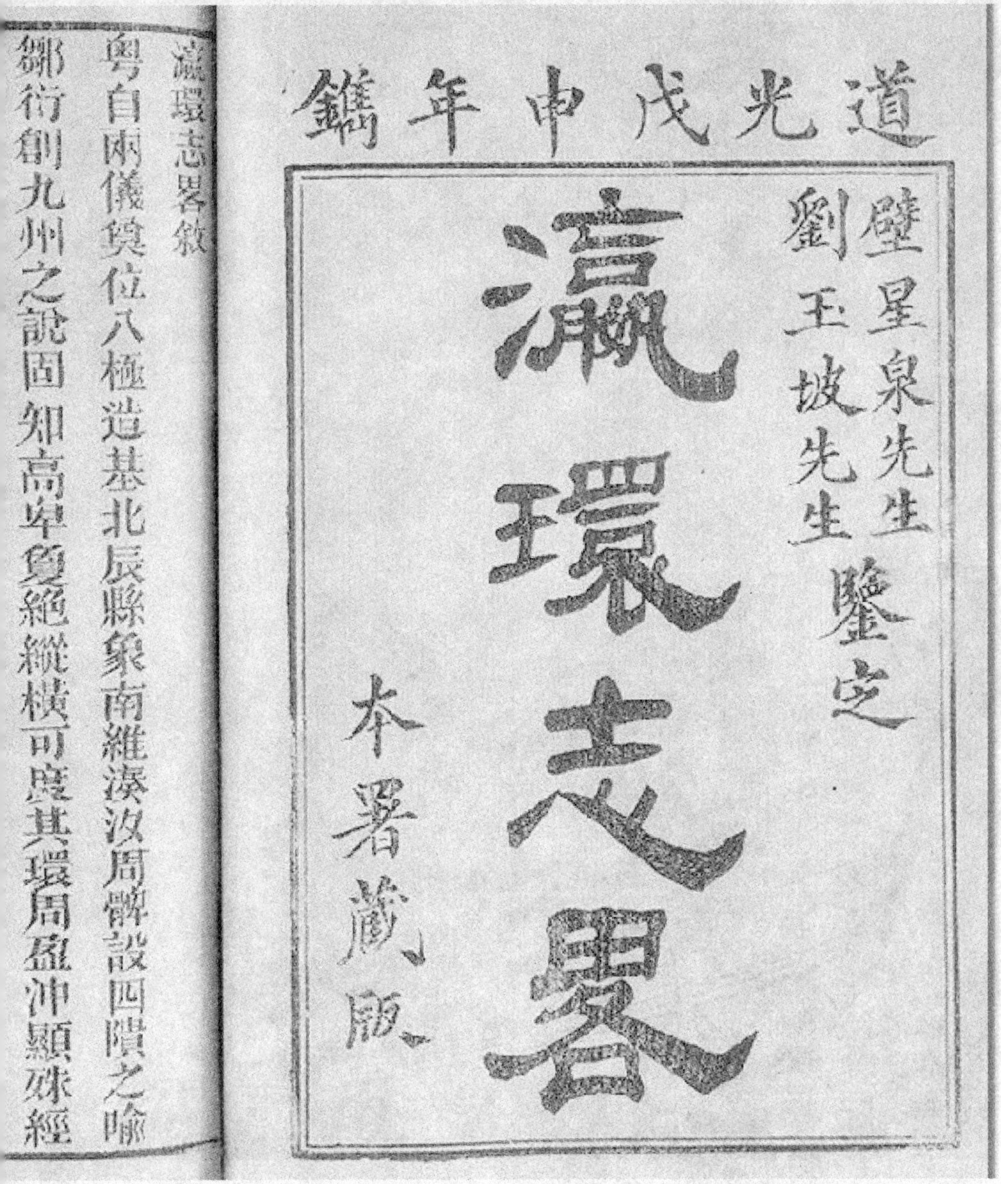

瀛環志畧

道光戊申年鐫

壁星泉先生

劉玉坡先生鑒定

本署藏版

粵自兩儀奠位八極造基北辰縣象南維湊�設四隅之喻

鄉衍剏九州之説固知高卑負絕縱橫可度其環周盈沖顯殊經

65

郑和下西洋仿古宝船

七下西洋
文明远播

　　若数算我国古代航海家，当首推明朝七下西洋的郑和，他被誉为"乘风破浪十万里，旷古耀今第一人"。郑和之外，王景弘六驱百舸，可与郑和共列，载入史册；马欢、费信、巩珍记载了下西洋的经历，开阔了世人的眼界。28载悠悠岁月，郑和船队于茫茫大海中披星戴月、奋勇前行，驰骋在太平洋和印度洋海面上，开辟了穿过印度洋直达非洲大陆的远洋航线，遍访亚、非30多个国家和地区，一时独领风骚，堪称世界航海史上的伟大壮举。

　　郑和船队将中华文化远播海外诸国，与郑和相关的遗迹随之散落于中外各地。让我们在历史与现实中穿梭往返，去领略当年郑和船队七下西洋的风采。

郑和：
伟大的航海家

郑和画像

郑和（1371—1433），原名马和，又名三保或三宝，史称三保太监或三宝太监，明朝航海家，外交家，军事家。作为世界大航海时代的先行者，郑和以他卓越的才能和无所畏惧的勇气七下西洋，不仅传播了中华文化，扩大了海外贸易，而且推动了人类社会由区域文明向世界文明前进的步伐。郑和船队总结出了一套行之有效的"过洋牵星"天文航海技术，其远航的重要图籍和物证——《郑和航海图》充分说明当时我国的远航技术已达到相当完善的地步。

在人类文明史上，张骞出使西域，开辟了黄沙万里的丝绸之路；郑和则七下西洋，为海上丝绸之路开辟了新时代，使我国的对外交往从"西域"走向"西洋"。15世纪初，神秘莫测的大海上，一支庞大的中国船队牵星过洋，驶向未知的国度，将中华文明远播海外……

锋芒初露海国梦

郑和原姓马，家族世代居住在风光绮丽的云南昆阳州（今云南晋宁）。他的父辈和祖辈信奉伊斯兰教，被称为"哈只"，意为"巡礼人"，即伊斯兰教徒朝圣麦加回归者。他的父亲经常讲述朝圣的惊奇旅程，耳濡目染下，远航海外、遍历诸国的愿望开始在郑和幼小的心灵中生根发芽。

洪武十四年（1381），明太祖朱元璋为了消灭元朝盘踞在云南的残余势力而发动战争。战火之下，百姓流离失所。郑和成为明军的俘虏，几经波折后被选送到了燕王府。聪颖的郑和获得燕王朱棣的青睐，并在"靖难之役"中为朱棣立下了汗马功劳。

明成祖朱棣继承并发扬了明太祖施行的"休养生息"国策，明朝由此进入全盛时代，史称"永乐盛世"。汉、唐盛世时的英雄们征服了陆上的广大区域，雄才大略的明成祖遂放眼于我国漫长的海岸线和广阔的西洋海域，以实现自己"天下一家"的理想。他之所以将这件注定会名垂千古的大

朱棣画像

事交给郑和来完成，原因是多方面的：首先，郑和是明成祖的心腹、能臣；其次，郑和"才负经纬，文通孔孟""有智略，知兵习战"；尤其是还考虑到西洋中部分国家信奉伊斯兰教，而郑和对此了解颇深，能够更好地展开外交活动。

帆鼓西洋水茫茫

永乐三年（1405），一支庞大的船队在江苏太仓刘家港起锚，浩浩荡荡驶入蔚蓝大海。它的下一个目的地是福建长乐太平港，那里将是郑和船队入洋前的最后补给地。郑和率领船队以大无畏的精神，开启了其第一次远赴外洋的航程。

为了保证下西洋任务的完成，郑和船队配备有宝船、马船、粮船、座船、战船、水船等百余艘。一路上，郑和船队走访了占城、爪哇、苏门答腊、锡兰山等地，与它们展开友好交流，最终到达航行目的地——古里（今印度喀拉拉邦卡利卡特）。郑和以明朝皇帝的名义册封当地统治者为古里国王，并将这里作为以后下西洋的中转站和落脚点。郑和对古里国的人情

风物甚为喜爱，特意在古里建造碑亭一座，留作纪念。随着岁月的流逝，那座见证两国友好交往的碑亭现已杳无踪迹。

永乐五年（1407），郑和船队浩浩荡荡地返航，没想到上天为他们安排了一场生死攸关的考验。

有个叫陈祖义的广东潮州人，洪武年间逃亡海外，纠结一批海盗，盘踞在马六甲一带。当郑和船队经过三佛齐国（今印度尼西亚苏门答腊巨港）时，遇上了奸诈狡猾的陈祖义。陈祖义深知自己的实力和明朝正规军相差悬殊，就假装投降，麻痹郑和，然后召集海盗准备突袭郑和船队。郑和身经百战，一眼就看穿了陈祖义的奸计，决定将计就计，等陈祖义将附近的海盗都召集过来时将他们一网打尽。陈祖义带着一群七拼八凑的海盗踌躇满志地向明军逼近，正要发动进攻时，训练有素的明军船队杀声四起，迅速结束战斗，生擒了陈祖义等海盗头目。

郑和船队的归来令明成祖龙心大悦。看着大批的西洋使者对自己称臣纳贡，明成祖更加支持郑和下西洋的壮举。

在明成祖的全力支持下，郑和又

郑和船队长乐开洋图

于永乐五年、永乐七年、永乐十一年、永乐十五年、永乐十九年五次率船队下西洋。第二次下西洋时，郑和在锡兰（今斯里兰卡）寺庙布施，并用汉文、阿拉伯文、泰米尔文三种文字将此事刻于石碑之上。此碑现存于斯里兰卡科伦坡国家博物馆。第三次下西洋时，郑和参观了真腊国（今柬埔寨）的吴哥古迹。雄伟壮观的吴哥寺、精妙绝伦的寺庙浮雕为他主持修建南京大报

郑和下西洋路线图

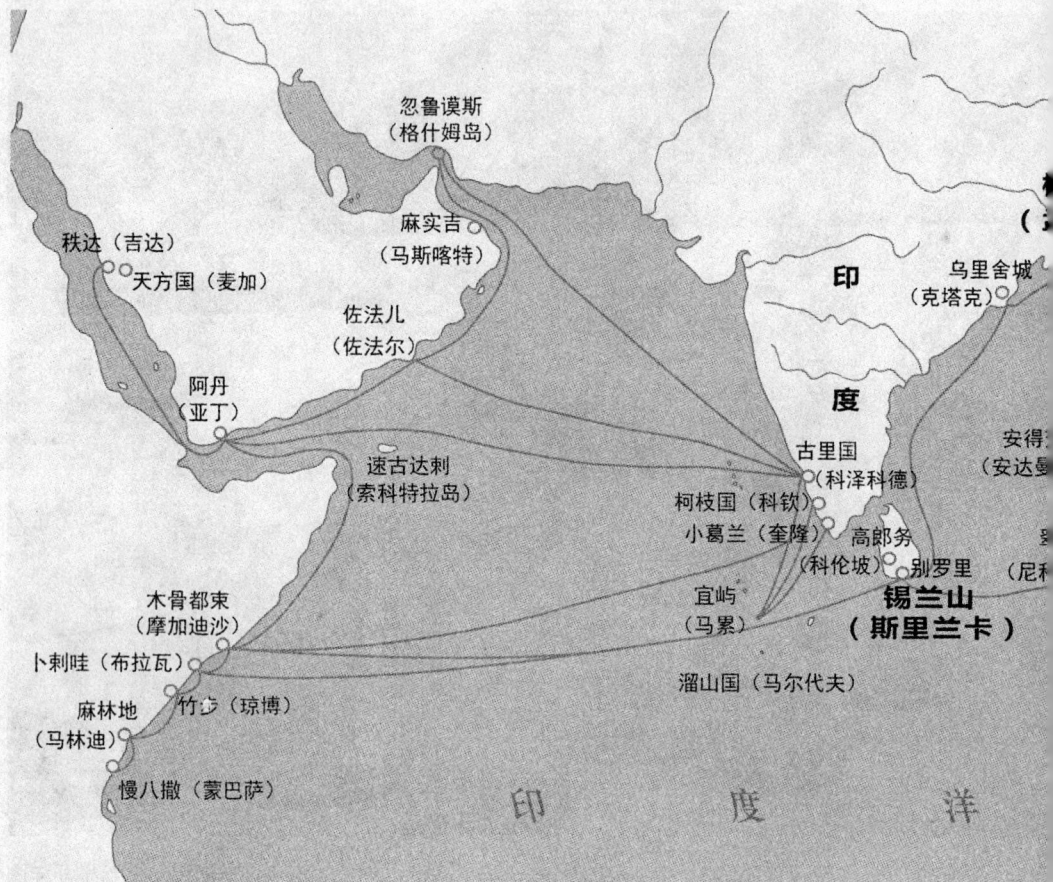

忽鲁谟斯
（格什姆岛）

麻实吉
（马斯喀特）

秩达（吉达）
天方国（麦加）

佐法儿
（佐法尔）

阿丹
（亚丁）

印
度

乌里舍城
（克塔克）

速古达剌
（索科特拉岛）

古里国
（科泽科德）

安得
（安达曼

柯枝国（科钦）

小葛兰（奎隆）

高郎务
（科伦坡）

别罗里
（尼科

木骨都束
（摩加迪沙）

卜剌哇（布拉瓦）

麻林地
（马林迪）

竹步（琼博）

慢八撒（蒙巴萨）

宜屿
（马累）

锡兰山
（斯里兰卡）

溜山国（马尔代夫）

印 度 洋

恩寺提供了重要的参考。第四次下西洋时，郑和船队在变幻莫测的印度洋中驶向忽鲁谟斯（今伊朗霍尔木兹海峡的格什姆岛），并从非洲麻林国（今坦桑尼亚的基尔瓦基西瓦尼）带回了

传说中的瑞兽"麒麟"（长颈鹿）及其他奇珍异兽。第五次和第六次下西洋，郑和驶向了更为遥远的国度，到阿拉伯半岛上领略了绮丽的风光。

明宣宗宣德六年（1430），郑和第七次起航。郑和似乎预料到这将是他最后一次远航，便在长江口刘家港和福建长乐太平港立了两块石碑，详细记述了他每一次远航的成就。第七次远航西洋的路途似乎格外漫长，长期的海上航行耗尽了郑和的精力，返程途中他病倒在古里国——第一次航行的终点。弥留之际，郑和下令让其他人员继续东返，完成未竟的使命。

六驱百舸王景弘

在郑和七下西洋的船队中，郑和的副手王景弘亦是杰出的航海家，可以"与郑和共列而载入史册"。

王景弘，又称"王三保"，著有《赴西洋水程》。他因战乱被掠入宫中，成为内侍太监。在下西洋的船队中，他与郑和并列为正使太监。他先后六次航行海外诸国，是郑和船队中举足轻重的人物。最后一次下西洋，郑和病逝古里国后，就是他率领船队返航

王景弘画像

归国的。宣德九年（1434），王景弘受诏令率领船队出使南洋诸国，他先后访问了苏门答腊、爪哇等国，并带回了苏门答腊朝贡使者。

域外著作记列国

有关郑和下西洋的重要古籍有马欢的《瀛涯胜览》、巩珍的《西洋番国志》和费信的《星槎胜览》等。

马欢，字宗道，号会稽山樵，明朝通事（翻译官），精通波斯文、阿拉伯文，曾三次随郑和下西洋。他将自己下西洋时经历的航路、海潮、地理、国王、政治、风土、人文、语言、文字、气候、物产、工艺、交易、货币和野生动植物等逐一记录下来，撰成《瀛涯胜览》一书。此书被公认为是研究郑和的最重要的原始文献之一。为纪念航海家马欢，南沙群岛北部的一座岛被命名为马欢岛。

费信，字公晓，号玉峰松岩生，勤奋好学，自学了阿拉伯文。永乐、宣德年间曾任翻译官，随郑和四下西洋。所著《星槎胜览》记录下西洋时所见所闻及各国的风土人情。为纪念航海家费信，南沙群岛中的一座岛被命名为费信岛。

巩珍，号养素生，明宣德六年至宣德八年（1431—1433）作为总制之幕（相当于秘书）随郑和下西洋。巩珍对行途中的山川形势、人物风俗、物产气候等一一做了翔实的记录，并写进了他的《西洋番国志》。为纪念航海家巩珍，南沙群岛中的一座岛礁被命名为巩珍礁。

星牵沧海云帆耸

郑和是我国历史上最伟大的航海家。《郑和航海图》是我国现存最古老的海图，绘有山形岸势、浅沙、礁岩，并标明了各国方位及航行路线等。就航海技术而言，过洋牵星术不仅是郑和船队数十年的航海经验的总结，更代表着元明时期航海天文技术已进入以海上天文定位为特点的牵星术阶段。就航海船只而言，郑和宝船当时在世界上是独领风骚的。

郑和的足迹遍布东南亚、印度、非洲等地，与他有关的历史遗迹和民间传说甚多，主要分布在我国和郑和下西洋航线所经历的国家和地区。例如，福建长乐《天妃灵应之记碑》、江苏太仓天妃宫石刻《通番事迹碑》对郑和航海事迹做了较为全面的记述，南京静海寺《御制弘仁普济天妃宫之碑》则记载了郑和船队的船舶种类和尺寸等。

郑和为我们留下了一段中国人的海上传奇。他率领船队七下西洋，一方面展示了明朝前期我国国力的强盛；另一方面加强了明朝与东南亚、印度、非洲等国家的联系，向海外多国传播了先进的中华文明，加强了东西方文化的交流，诚可谓中国古代历史上一件世界性的盛举。

过洋牵星术

江南制造局炮厂炮房

谋海济国
实业兴邦

在中华民族的历史里，来自海洋的贝壳是最早的财富记忆。从此，海洋经济在古老的东方国家延续，航海商人应运而生。宋末元初，澉浦杨氏三代的航海事业标志着一个时代的先觉先行；清朝，传奇商人伍秉鉴打造了震惊中外的商业帝国；洋务重臣左宗棠兴办洋务，建造福建船政局；北洋水师的创办者李鸿章全力构筑中国的海国梦；清末状元张謇弃官经商，实业救国……

无论是富甲一方、漂洋过海的航海巨贾，还是经世为民、谋海兴邦的实业商人，他们都为海商文化贡献了力量，振兴了我国的海洋经济。

杨氏三代：泛海商，征远洋

澂浦杨氏，航海巨贾，起于杨发、盛于杨梓、守于杨枢。一门三代的航海事业，标志着一个朝代的先觉先行。元朝任命杨发为福建安抚使，管理庆元、上海、澂浦三处市舶司，他在澂浦筑室造船，发展航海事业；杨梓子承父业，并参加远征爪哇的战役，将杨氏家族发展到极致；杨枢两度出海，接送元朝各国使节，并进行海外贸易。另外，澂浦杨氏家族对"海盐腔"的传播起了奠定性的作用。

海商，对中国古代航海业贡献甚大，为探索海洋的主力军之一，能够名留青史的海商首推澂浦（今浙江海盐澂浦镇）杨氏三代。

澂浦杨氏，海商世家

澂浦，一座有着"弹丸一地东南重"之喻的古镇，因"大舶驾风通海外"而为世界所知。在澂浦的航海家族中，首推亦商亦官的澂浦杨氏。

奠基者——杨发

澂浦杨氏"累世以材武取贵仕"，

也就是说，澂浦杨氏以军功起家，但因其祖辈杨春的事迹已不可考，有史可考的真正带领杨氏家族走向兴旺的是杨发（生卒年不详）。

澂浦城墙遗址

杨发原为南宋将领，宋亡之后降元，被元朝委以重任。据天启《海盐县图经》记载，"总领舶务杨发者，土著澂川……"杨氏家族是澂浦的世家望族，由于庆元、上海、澂浦三处

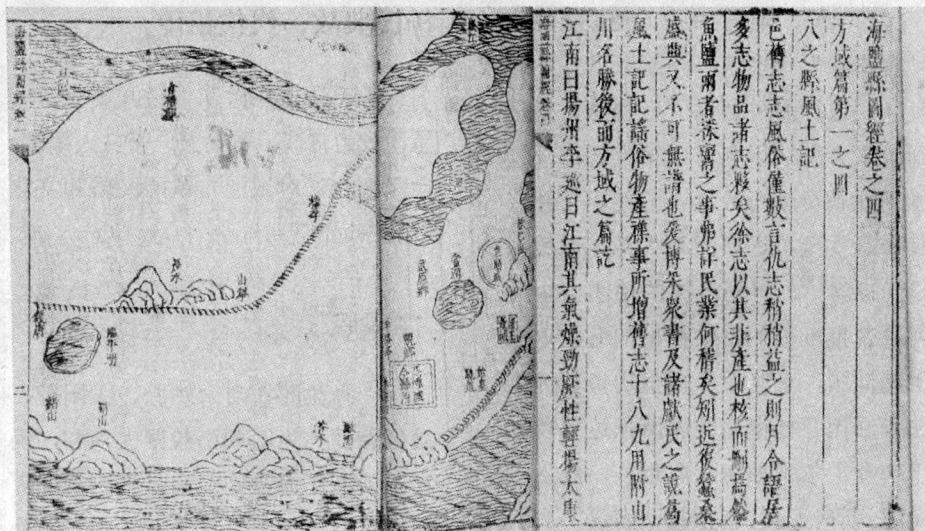

《海盐县图经》书影

相近，世家望族对三地的影响力尤为显著。元朝将杨发任命为"浙东西市舶总司事"，足见对他的重视。

从此以后，澉浦杨氏就和航海事业联系在了一起。

开拓者——杨梓

杨梓（生卒年不详）是杨发之子，澉浦杨氏的航海事业在其手中发扬光大。他的航海事业中最为重要的事件是参加元朝入侵爪哇的战争。

至元三十年（1276），元世祖忽必烈发兵征讨爪哇，杨梓任招谕宣慰司官。杨梓参加此次军事活动得益于早年从事的海上贸易活动。熟悉南中国海的航线和东南亚风土人情的他，不仅为元朝远征军捐钱、出船，而且为远征军海上导航。

杨梓征战归来，以功受封为安抚总司，后官至杭州路总管，其海外贸易与航海活动更加频繁。

成就者——杨枢

相对于杨发和杨梓着重海外贸易，杨枢（1283—1331）则可跻身元朝航海家的行列，他曾两度出海。大德五年（1301），年仅19岁的他被委任为"官本船"代理人，浮海万里抵达印度洋，进行海外贸易。返程时，他遇到亲王合赞（伊利汗国第七代可汗）派往元朝贡献奇珍异宝的使臣，并将其一行安全护送至元朝大都。大德八年（1304），伊利汗国的使团请求元朝皇帝批准他们搭乘杨枢的海船返回伊利汗国，皇帝命令杨枢送伊利汗国使者回国。杨枢率领船队抵达忽鲁模思（今霍尔木兹海峡附近），驶入波斯湾。历时五载，杨枢船队满载"白马、黑犬、琥珀、葡萄酒、蕃盐"等货物自海归来。

长期的海上活动使杨枢积劳成疾，至顺二年（1331），年仅49岁的他因病去世。

元朝有很多航海家，与五使绝域的亦黑迷失相比，杨枢远洋海上的次数略少，但其航行路程远超亦黑迷失；与民间航海家汪大渊相比，杨枢没有像《岛夷志略》一般的航海文献流传后世，但作为船队的组织者和领导者，其航海活动同样具有重要的参考价值。

杨氏典故，代代相传

杨氏三代在澉浦古镇开展航海贸易，成为富商巨贾，又广交文人墨客，诗赋相合，对澉浦古镇的民俗和文化影响深远。

"海盐腔"

"海盐腔"与余姚腔、弋阳腔、昆山腔并称为明朝南戏四大声腔，因起源于浙江海盐而得名。"海盐腔"初由"芦花道人"贯云石所创，海盐澉浦人杨梓受其启发，对当时海盐流行的南北歌调加工和发展，终成南戏"海盐腔"。可以说，杨梓是"海盐腔"的奠基性人物，《霍光鬼谏》《豫让吞炭》《敬德不伏老》三部杂剧是他的代表作，亦是"海盐腔"的代表作，现收录于王季思主编的《全元戏曲》中。

元朝的澉浦杨氏，闻名于东南沿海和西洋诸国。由于杨氏家族在澉浦港筑室引商、贸易成集，澉浦港成为我国古代四大港口之一。杨枢两下西洋，特别是第二次远航波斯湾，比郑和下西洋早了100多年。

"海盐腔"唱着杨氏三代航行大

海的故事，将杨氏家族远洋贸易、经营航海事业的事迹传唱至今。一门三代的航海传奇不仅展示了我国海商远洋贸易、积累财富的事迹，亦彰显了杨氏家族勇敢无畏、远航海外的精神，成为元代中西洋海外交流的历史见证。

"海盐腔" 剧照

伍秉鉴：聚海资，兴海贸

伍秉鉴画像

伍秉鉴（1769—1843），又名伍敦元，商名浩官，清朝"十三行"怡和行的掌门人，被美国《华尔街日报（亚洲版）》评为世界最富有的50人之一。他积极与欧美各国建立合作关系，发展海外贸易，并通过国际贸易与海外投资的行为，让世界了解这个古老的东方国度。

广州文化公园至珠海南路一带的广州西关，曾是清朝晚期中国对外贸易的中心——广州十三行的所在地。我们越过百年的时光，试图在历史的长镜头中回顾十三行总商伍秉鉴的一生，找寻他开拓海商事业的事迹。

广东经商，怡和起家

伍氏家族原本在福建以农耕为生，为躲避战乱和苛捐杂税举家迁往广东，从沿街叫卖的小生意做起，一步一个脚印，打造了一个商业帝国。

伍秉鉴的父亲伍国莹是建成伍氏商业帝国的关键性人物。年少的伍国莹在广州首富潘振承创建的同文行打工，此时潘振承的同文行是十三行的总商。

十三行只是一个统称，多则几十家，少则仅有四家，是鸦片战争前广州港口官府特许经营对外贸易的商行总称。广州十三行垄断了清朝的海外贸易，从而快速积累了大量的财富。当时流传着"洋船争出是官商，十字

广州十三行瑞典馆水粉画局部

门开向二洋。五丝八丝广锻好，银钱堆满十三行"的歌谣，反映了当时十三行商人的富有。

伍国莹在同文行中学到了经商的经验并积累了丰富的人脉。清政府招募新的商人加入十三行之际，伍国莹迈出家族发展史上最为重要的一步——创办怡和行，专门代理洋船生意以及代替海关向洋船征税。

清政府"一口通商"的实施为伍家提供了丰沃的政治土壤，伍国莹利用这一有利契机经营怡和行，为伍秉鉴开创辉煌打下了基础。

接任怡和，左右逢源

嘉庆六年（1801），伍秉鉴接任怡和行。初出茅庐的他备受质疑，但事实证明，伍秉鉴比他的父亲更具有经商的天赋。他的成功离不开他高人一等的识人之术和细水长流的公关策略。

伍秉鉴与朝廷官员关系密切，为其扫清了生意上的外部困难，但其更注重的是怡和行的商业信誉。为打造品牌效应，在产品质量上，他诚实守信、童叟无欺。茶叶生意是怡和行的

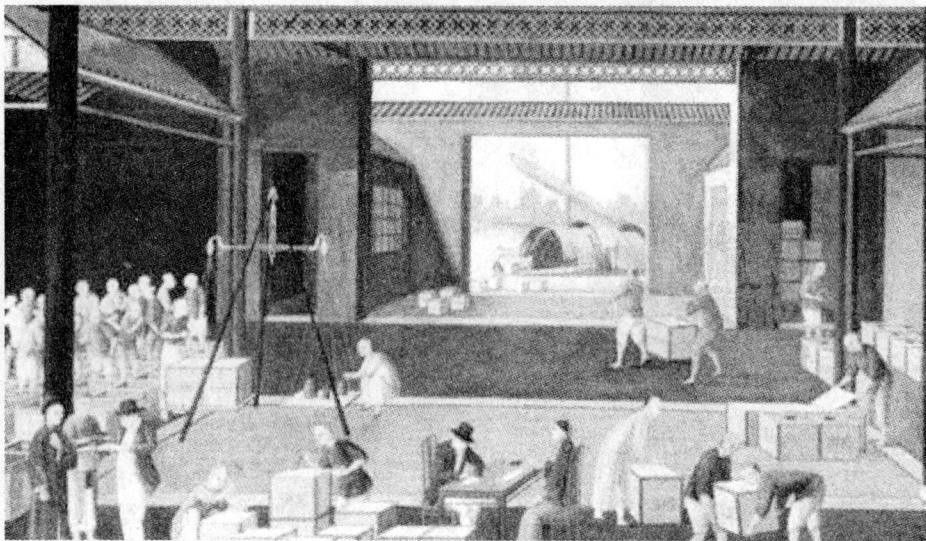

茶叶贸易场景图

主要业务，为保证茶叶的质量，伍秉鉴从茶叶的源头抓起，专门派人到福建等地的茶园全程监督，并用自己的船队将茶叶运回。多年的苦心经营终有回报，在国外只要是"怡和行"商标的茶叶，都被鉴定为质量上乘的茶叶。

嘉庆十八年（1813），怡和行取代了同文行，伍秉鉴成为广州十三行的总商。

跨国投资，晚清首富

伍秉鉴是商业奇才，他的商业发展领域不拘于国内，还放眼于大洋彼岸，欲建立世界性的商业帝国，使怡和行成为真正的国际财团。他与欧洲、美洲的重要客户保持着友好关系，其在海外的许多投资都是委托外国朋友办理的，外国人认为伍秉鉴值得信赖。

伍秉鉴极具投资眼光，选择当时世界上最大的工业国家和殖民地宗主国——英国作为自己长期的投资对象，并成为英国东印度公司最大的债权人；他斥巨资投资美国铁路、矿产、电报、钢铁、石油、保险业等有良好投资前景的新兴产业。

在伍秉鉴的经营下，怡和行成为世界知名的跨国财团。道光十四年（1834），据伍家统计，其资本约有2600万银圆，换算成现代的钱币，约有50亿元人民币。2001年，在美国《华尔街日报（亚洲版）》上的"纵横一千年"中统计上几个世纪世界上最富有的50个人，伍秉鉴榜上有名。

夹缝求生，捐资助国

盛极必衰，伍秉鉴因"一口通商"走向辉煌，也因"一口通商"夹缝求生。英商为了改变贸易逆差的现状，向我国输送鸦片，鸦片贸易直接导致清政府白银外流和国力受损。道光十九年（1839），林则徐抵达广州，全城缉

彼时繁忙的广州码头

粤海关外洋船牌

捕鸦片贩子。为了缓和剑拔弩张的气氛，伍秉鉴收缴了上千箱英国鸦片，并交给林则徐，希望就此平息风波。殊不知，这种行为既得罪了英国鸦片贩子，又让林则徐大发雷霆。伍秉鉴是英国鸦片贩子颠地的担保人，林则徐怀疑伍家是幕后首脑，伍秉鉴成为千夫所指的民族败类。在官府和洋人夹缝中求生的他只能以钱财换得平安，鸦片战争时期广州赎城费600万两白银，伍秉鉴一人就拿出110万两。

伍秉鉴和十三行的悲哀在于具有爱国情操的商人努力挽救祖国时却被国家遗弃。鸦片战争的直接受害者是十三行商人，总商伍秉鉴虽不至于伤筋动骨，仍有切肤之痛。心灰意冷的他捐出家中八成财产，以换取家人平安和移居美国，却被清政府否决。道光二十三年（1843），风烛残年的他在家中溘然长逝。

伍秉鉴凭借无所畏惧的勇气，打造了一个世界性的商业帝国；他视钱财于无物，慷慨富有之名享誉海外；他心怀忧国之情，捐资助国。伍秉鉴让世界看到了中国海商的睿智和进取精神。

左宗棠：兴船政，以自强

左宗棠雕像

左宗棠（1812—1885），字季高、朴存，谥号"文襄"，晚清军事家，洋务派代表人物。他建立了福州船政局，不仅加强了海防，还发展了沿海商业；他创办了船政学堂，培养了大批海军和拥有先进造船技术的人才；他挥师南下，参加中法海战，维护我国主权和领土完整。留有《左襄公文集》传世。

嘉峪关关城闸门附近有棵巨大的柳树，根深叶茂、浓荫遮地，被人们称为"左公柳"。这棵古树是左宗棠率领湘军子弟不远万里来到西北大漠抗击沙俄、收复新疆时所栽，人们为了纪念这位反抗侵略的民族英雄，将其命名为"左公柳"。

洋务先驱，轮船自强

左宗棠一生做的最大的事业：一是创办福州造船厂；二是收复新疆。作为"经世致用"思想的一以贯行者，他拜读《海国图志》后，对魏源提出的"以夷攻夷""以夷款夷""师夷长技以制夷"等主张极为赞赏，向当权者大声呼吁，采纳魏源的"师夷长技以制夷"的主张，向西方学习。第二次鸦片战争的失败更加坚定了他兴办洋务的想法。在他看来，西方列强凭借坚船利炮在我国海面上耀武扬威，我国要想强盛，必须有自己的造船工业。

同治五年（1866），年过半百的

左宗棠在福建选址建造了我国第一个造船厂——福州船政局（亦称马尾船政局、闽局或闽厂）。它既是左宗棠一生中实施的最大一项洋务举措，也是近代中国在洋务运动时期创办的重要企业之一。

福州船政局选址在福州马尾山下，依山傍水，既是优良港湾，又是天然战略基地。左宗棠聘请外国人为顾问，培育我国造船人员。由于同治皇帝所拨经费不足，他找到清朝"红顶商人"胡雪岩（1823—1885，原名胡光墉）。胡雪岩集资捐钱，大力支持左宗棠的洋务行为。可以说，如果没有胡雪岩的支持，左宗棠兴办洋务、跃马新疆绝不会如此顺利。

左宗棠创办福州船政局不仅为了加强海防、抵御外辱，还为了发展沿海商业。我国万里海岸线和广阔的海域为海洋运输业提供了得天独厚的地理优势，但此时我国海洋运输都被外国商船控制，我国民船无力谋生。左宗棠站在商人的立场发展我国船业，却不沾任何利益，实乃世人之典范。

另外，他在船政局附设船政学堂（又称"求是堂艺局"），这是我国近代第一所海军学校。船政学堂为我

胡雪岩画像

国海军输送了大量杰出的军事人才，如北洋舰队中的"致远"号管带邓世昌（1849—1894）、"经远"号管带林永升（1853—1894）等。

福建船政局旧址

在左宗棠的大力支持下，福州船政局不仅造出了第一艘木壳兵商船、第一艘巡海快船、第一艘钢甲巡洋舰、第一艘鱼雷快艇，而且打造了我国第一支海军舰队，左宗棠是当之无愧的洋务运动先驱。

督师南下，遗恨平生

同治十一年（1872），左宗棠与李鸿章在朝堂因"海防"与"塞防"发生激烈争论，左宗棠大获全胜，在西北大漠"引得春风度玉门"，收复新疆，功绩可与汉代卫青、霍去病相提并论。

光绪七年（1881），他以东阁大学士、军机大臣、总理衙门大臣、管理兵部事务外放两江总督兼南洋通商事务大臣。此时，我国南部边疆受到法国的威胁。

光绪十年（1884），法国舰队突袭福建水师，毫无准备的水师官兵虽奋勇抵抗，但因敌我力量悬殊，我国近代海军首战以几乎全军覆没而告终。马尾之战的炮火毁掉了左宗棠的毕生心血——福建造船厂。

此时的左宗棠已年逾古稀，病苦缠身，然而他却亲临福州布置海防，组织"恪靖援台军"东渡台湾。光绪十一年（1885），他病逝福州。

晚清末世，风雨飘摇，左宗棠凭借"经世致用"的思想进入清朝权力中枢，施展自己的雄才大略，为国计民生奉献终身。左宗棠墓位于长沙县跳马乡白竹村，墓碑上书"清太傅大学士属靖侯左文襄公之墓"，两侧华表刻联曰："汉业唐规西陲永固；秦川陇道塞柳长青。"

左宗棠著有《楚军营制》，其奏稿、文牍等辑录为《左文襄公全集》134卷，流传后世。

为国，左宗棠主张轮船自强，建立我国第一个造船厂——福建船政局，又创办了船政学堂，培养新式船员；为民，他支持民间航运事业的发展，发展民间运输事业。更可贵的是，左宗棠在国家危难之际，不顾身缠病苛，参加了中法海战，全力抗击外国侵略者，他无愧为中华民族之骄傲。

左宗棠雕像

李鸿章：建北洋，筑海防

李鸿章

李鸿章（1823—1901），本名章铜，字渐甫，号少荃，谥号"文忠"，政治家，军事家，外交家。他是洋务运动的领袖人物之一，我国近代的数个"第一"都与他密切相关，如我国第一家近代航运企业、第一批官派留学生等；其海防思想以防御为主，他创办了北洋水师；他与曾国藩、张之洞、左宗棠并称为"中兴四大名臣"。著有《李文忠公全集》。

他，出将入相，任首席封疆大吏兼北洋大臣25载，主持海军衙门十载，是晚清政府中的核心成员；他，志在强国，是洋务运动的发起者和领导者之一，创办了我国第一批军用工业和民用企业；他，致力海防，筹建北洋水师，将其建设成当时亚洲最强大的海军舰队……他就是李鸿章，中国近代历史上的风云人物，被梁启超尊称为"当时中国第一人"。

科举入仕，百炼成才

道光三年（1823），李鸿章出生于安徽省庐州府合肥县（今安徽省合肥市肥东县）的一个普通家庭。受时代和家庭的影响，他走的是科举入仕之途。

在恩师曾国藩的教导下，李鸿章创建淮军，并在地方和军队中积聚了大量的人脉和力量，为其以后开展洋务运动、创办北洋水师奠定了坚实的基础。

倡导洋务，构筑海防

晚清时期，清政府处于风雨飘摇之中。内有农民起义，此起彼伏；外有西方列强，自海而来，用坚船利炮打开中国门户。我国的仁人志士于内忧外患中探索富国强国之路，洋务运动悄然兴起。回顾120多年前的洋务运动，先驱们创办近代工业，以求富国强兵，李鸿章则将目光更多地放在振兴我国近代工业和建设海防方面。

同治九年（1870），李鸿章任直隶总督兼北洋大臣，他在天津大规模地建设以军用工业为主的近代工业，使天津成为北方洋务运动的中心。同时，他注重教育和人才的培养，在天津开办各种新式学堂，传播近代科学文化知识，并与曾国藩一起上书清政府，建议派遣我国留学生赴美学习，此事堪称"中华创始之举，抑亦古来未有之事"。

在主持洋务运动时，李鸿章逐渐意识到西方列强对我国的威胁主要来自海上。他清醒地认识到：挽救国家存亡的关键在于加强海防力量。

在海防建设方面，李鸿章首重沿海陆防。他认为我国兵舰较少，海岸线漫长，应择"紧要之处"重点设防，

洋务运动期间，金陵机器制造局自制的格林炮

92

如"直隶之大泊、北塘、山海关一带，系京师门户""江苏吴淞至江阴一带，系长江门户"；其次，他提倡海陆兼备，认为"必须水陆相依，船舰与陆军实为表里"，用新式枪炮装备陆地，用铁甲军舰保护海面；最后，他扩大对外海的纵深防御，达到"拓远岛为藩篱，化门户为堂奥"的目标，具体的行为就是"以铁舰御敌之铁舰，以快船御敌之快船，再以鱼雷艇数十艘，密布各岛，伺便狙击，方可制胜"。这说明李鸿章的海防思想正从以陆地防御为主向以海洋防御为主发生转变。

按照李鸿章筹措海防的战略思想，他从19世纪70年代开始加强津沽海防，到仿照西方改建海口炮台，添置新式炮台；从国外购买坚船利炮装备海军，到系统提出购买铁甲舰，筹建北、东、南三洋舰队，并与沿海陆防相结合，我国近代海防战略在其手中初步形成。

筹措北洋，志在海国

在"以战为防"的海洋防御新思想的指导下，李鸿章加快了北洋水师的筹建步伐。

中法马尾之战（又称马江之战）使福建水师的马尾基地遭受致命毁坏，清朝统治者意识到兴建一支近代海军的重要性。清政府于光绪十一年（1885）成立海军衙门，李鸿章为会办。他在《筹议海防折》中提出筹建海军的四条建议：一是以购船为主建军；二是强调购置铁甲舰；三是各要口添设小型炮舰；四是裁撤各省旧有之红单、舢板等船只。在发展我国近代造船业的基础上，他向英国、德国等国购买战舰，其中就有铁甲舰"定远"号和"镇远"号。

在李鸿章的多方筹措下，北洋水师拥有了当时世界上先进的军舰，是亚洲最为强大的海军舰队。而后，他在旅顺、威海卫建设了配套完善的远东一流的海军基地。就防御体系来看，旅顺、威海卫海军基地是渤海的"锁钥"，进可狙击敌船，退可据险自守，加上岸上炮台防御，李鸿章的海洋防御思想得到了完美实现。然而，北洋水师成军之后，发展就陷入停滞阶段，在中日甲午战争之前，北洋水师未添一只新舰，未购一尊新炮。

光绪二十一年（1895），中日甲午战争爆发，北洋水师在弹药不足、

大沽炮台遗址局部

李鸿章"保船制敌"的消极防御战略的指挥下,与日军进行激烈的海战。北洋水师在数量占优势的情况下,却惨败于日军的猛烈炮火。旅顺、威海等海军基地相继失守,北洋水师全军覆没。

究其原因,在于以李鸿章为首的洋务先驱们虽学习西方的海洋思想,意识到海防的重要意义,积极创办造船企业、筹建近代海军,但这仅仅是"皮毛",他们没有理解西方海洋思想的真谛,没有从经济贸易、海权争夺,以及先进的海防战略上来思考我国的救亡之道。

20世纪之初,英、俄、法、日、意、奥等八国攻陷北方海岸门户——大沽炮台。数日后,八国联军攻陷北京。光绪二十七年(1901),《辛丑条约》将李鸿章推向历史的风口浪尖。丧权辱国的《辛丑条约》使中华民族沦为半殖民地半封建社会,也意味着通过洋务运动建立海洋大国的设想完全破灭。

作为晚清重臣,李鸿章将一生心血赋予强国富民之梦;作为洋务运动的先驱,李鸿章关于海防的思想和举措,为后世国人指出了一条道路。

张謇：海洋实业救国

张謇

张謇（1853——1926），字季直，号啬庵，清末状元，近代实业家，政治家，教育家。在民族危亡、风云突变的时代，他据当时我国海洋资源的现实条件，开创了现代渔业，以发展实业来振兴和维护我国的海洋权利，树立了一个走向世界的儒家海商的形象。著有《张謇日记》《啬翁自订年谱》《张季子九录》等。

他似官而非官，似商而非商，既无大权，也无巨富，但政治和社会声望极高，被称为"儒商"。他组织实施海洋开发，创办海洋科教事业，引领中国近代海洋开发大业，振兴和维护我国的海洋权益。他就是张謇。让我们走进"纺织之乡"——海门市，了解张謇实业救国的一生。

力主抗战，弃官回乡

张謇以"冒籍"应试，多有波折，从小考到大魁他整整走了 27 年。光绪二十年（1894），朝廷恩科取士，他成为当朝状元，钦授翰林院编修。

同年，中日甲午战争爆发，张謇大魁天下的喜悦被帝国主义的炮火粉碎。面对日本的嚣张气焰，我国有识之士无不义愤填膺。张謇在翰林院慷慨陈词，力主抗战。光绪八年（1882），朝鲜发生"壬午兵变"。清政府派驻守山东登州的吴长庆出兵朝鲜，张謇作为幕僚随军入朝。在朝鲜的日子里，他撰写了著名的《朝鲜善后六策》。

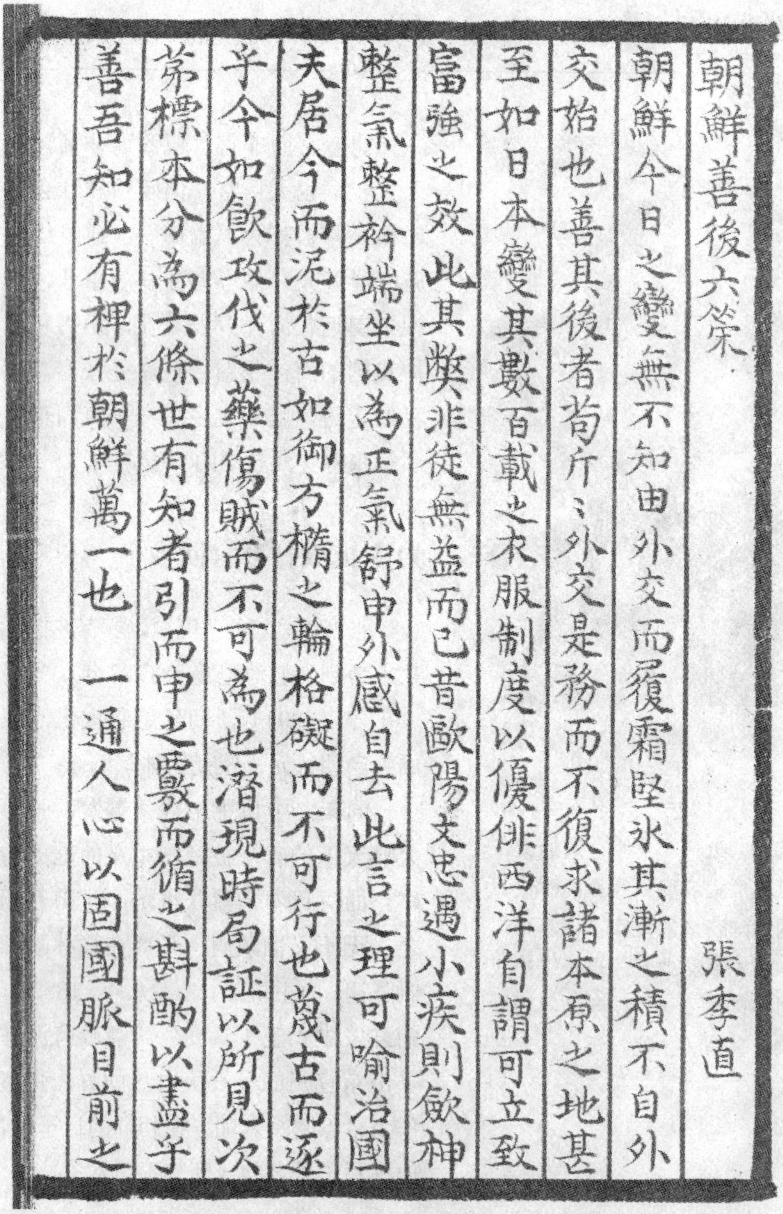

朝鮮善後六策　　　　　　　張季直

朝鮮今日之變無不知由外交而覆霜堅冰其漸之積不自外

交始也善其後者苟斤斤外交是務而不復求諸本原之地甚

至如日本變其數百載之衣服制度以優俳西洋自謂可立致

富強之效此其獎非徒無益而已昔歐陽文忠遇小疾則飲神

整氣整衿端坐以為正氣舒申外感自去此言之理可喻治國

夫居今而泥於古如御方枘之輪格礙而不可行也茲古而逐

乎今如飲攻伐之藥傷賊而不可為也溍現時局証以所見次

苐標本分為六條世有知者引而申之覈而循之斟酌以盡子

善吾知必有裨於朝鮮萬一也　一通人心以固國脈目前之

《朝鮮善后六策》书影

该书反映了中国有识之士对 19 世纪 80 年代的朝鲜安危的见解以及对日本侵略野心的警惕与忧虑之情。

甲午惨败使张謇对清政府失望透顶，心灰意冷之下他弃官回乡。当康、梁在北京开展"戊戌变法"的时候，他在家乡南通走向实业救国的道路。

实业救国，固我海权

两江总督张之洞听说张謇回到通州后，立即委派他总理通海一带商务，尽快集资创办纱厂。

史无前例的"状元商人"的身份使张謇在创办纱厂的初期屡受嘲笑和搪塞，但他始终忍辱负重、坚韧不屈。光绪二十五年（1899），他的第一个企业"大生纱厂"终于建成生产。而后数年，他以大生纱厂的资本为基础，接二连三地创办大生二厂、大生三厂等一系列民族工业。

面对逐渐打开的市场，纱厂的棉花供应已然跟不上，加上南通本地的棉花产量不高，寻找优质的棉花原料成为他亟待解决的问题。

张謇将目光投向地跨通州、海门两地的大片荒滩，那时的荒滩"仰惟苍天白云，俯有海潮往来"。光绪二十七年（1901），张謇的通海垦牧公司正式成立，他用优越的条件吸引当地穷苦的农民、渔民、盐民及外地苦力前来开垦滩涂。

首先，拦海筑堤。张謇与数千民工日夜赶筑，不到一月便完工。不料，第二年秋天的几次大风潮将所有辛劳摧毁殆尽，海堤被海浪拍打得支离破碎。在这紧要关头，张謇赶赴现场，与民工一同日夜守堤。在风雨和大浪的双重灾难下，张謇巡察险段，调拨物资，辛苦之状可想而知。

其次，张謇将逾百亩的荒滩规划整齐，让桥、堤、路、闸各适其适。沿堤大道平直伸延，两旁植有槐树、冬青等。在荒滩中心建设沿海城镇，居民区和市集区规划分明……他将荒凉萧条的滩涂之地变成了"栖人有屋，待客有堂，储物有仓，种蔬有圃，佃有庐舍，商有廛市，行有涂梁"的新天地。

光绪二十九年（1903），张謇应邀东游考察，他详细地考察了日本的各个方面，并根据考察日本教育的笔记，整理成《癸卯东游日记》。经此行，张謇进一步认清了日本对我国的狼子

《癸卯东游日记》书影

野心，而且进一步认识到唤起民众树立海洋国土观念和主权国际思想的重要性，以及兴办和发展海洋渔业和航运事业的紧迫性。他倡导通过凝聚民众和实业之力，维护我国领海主权，增强国家综合实力，强壮国防。为此，张謇发出了"不进则退，更无中立"的呐喊。

回国后的张謇，针对英国侵略者不断派船舰入侵我国海域，刺探我国军事、政治、经济等情报，威胁我国海防的实情，他创办了吕泗渔业公司，进行现代海洋渔业的尝试；他多方奔走和苦心筹划，购置了第一艘中国人自己所有的"福海"号渔轮，他筹划把吴淞建设成"商港合一"的现代化商埠，以抵御西方帝国主义的侵略。

教育救国，兴办实业

在兴办实业的同时，张謇对我国近代教育事业尤为关注。光绪二十八年（1902），他创办了我国第一所师范学校——通州师范学校（后部分学院迁入扬州师范学院，今归扬州大学），成为我国师范教育的滥觞。张謇还竭力创办各类海洋专业院校。光绪三十二年（1906），他在上海吴淞建立了中国商船学校。中国最早的水产学校之一江苏省立水产学校和全世界最早的水利学校河海工程专门学校（今南京河海大学），也先后于民国元年（1912）和民国四年（1915）在上海与南京建立。江苏省立水产学校建立后，培养了各类海洋渔业捕捞、水产品加工人才800余名，为中国海洋渔业发展奠定了人才基础。而河海工程专门学校，更是不负先贤张謇当年创办时的一番苦心，为中国海洋开发和水利事业发展输送了大批人才，做出了重大贡献。

第一次世界大战将张謇的毕生心血吞噬，企业的衰败、救国梦想的破灭使这位年迈的老人日益消沉，最终怀着悲凉的心情于 1926 年逝世。

张謇一生，眼光长远，注重实效，为"海洋实业救国"和"海洋教育救国"的理想奋斗不息。作为儒生，他博经通史，科甲出身，状元及第，著有《张謇日记》《蔷翁自订年谱》《张季子九录》。作为我国近代实业家，他创办了中国民族资本主义企业，以抗外国经济侵略；大力开垦荒涂，万里荒滩变良田。作为教育家，他创办了中国商船学校、江苏省立水产学校和河海工程专门学校等 70 多所学校，为我国教育事业做出了巨大贡献。一介儒商——张謇，利用海洋赐予的丰富资源，为我国打开了走向世界的大门。

张謇纪念馆旧址

中日甲午战争场景模拟

民族英雄
捍卫海疆

悠悠青史记载了每一个可歌可泣的英雄故事，特别在国家多难的年代，勇敢的中华儿女捍卫海疆，英雄辈出。明朝，"宝剑埋冤狱，忠魂绕白云"的胡宗宪，"忠诚许国家，唯愿靖沧海"的俞大猷，"封侯非我意，但愿海波平"的戚继光，"丹心天可鉴，沉香葬忠魂"的邓子龙，"忠节感苍穹，肝胆照波涛"的郑成功；清朝，东海霹雳施琅，抗英名将关天培，不畏强敌铸海魂的甲午英杰……他们用血肉之躯铸就中华魂、海洋梦，成为后人敬仰的民族英雄。

胡宗宪：
东南征倭寇，赤胆固海防

胡宗宪铜像

胡宗宪（1512—1565），字汝贞，号梅林，明朝抗倭名将，官至兵部尚书兼浙江总督，谥号"襄懋"。胡宗宪在东南沿海地区抗倭数十载，剿灭汪直、徐海两大海盗集团，为我国东南沿海平定倭寇、安定海疆做出了卓越贡献，是伟大的抗倭英雄。

位于安徽南部的徽州不仅风光秀丽，而且人杰地灵、名人辈出。在徽州俯拾即是的名胜古迹里，龙川村的胡宗宪尚书府因他的主人——胡宗宪吸引着人们不远千里来到这"徽州第一家"的明代建筑群。

一代名臣垂典范

正德七年（1512），胡宗宪出生于安徽省宣城市绩溪县的龙川村，在重教兴文的家族风气中，他成长为风度翩翩的少年。嘉靖十七年（1538），胡宗宪金榜题名，正式步入明朝的官场。此后，他在抗击蒙古军的战场上积累了丰富的经验，为东南抗倭奠定了基础。

东南靖倭显奇才

嘉靖三十三年（1554），胡宗宪任浙江巡按。他在离京赴任前铿锵有声："此去浙江，不平倭寇，誓不回京！"带着豪言壮志赴任的胡宗宪看到了浙江倭患的实际情况：在民间，百姓被倭寇欺压凌辱，苦不堪言；在抗倭的军队中，官兵纪律涣散，将领骄懦难任，各级官吏矛盾重重。眼前的一切让他认识到要扫平倭寇，使江浙一带海靖波平，必须大刀阔斧地整顿军队和操练将士。

他亲自深入倭寇侵扰之地，了解倭寇的动向和实际状况，制定了系统的抗倭战略战术。同时，他不遗余力地整饬军纪，使明军军纪有了较大的改善。

次年，明朝取得了抗倭以来第一次全面的胜利——王江泾大捷。面对长期盘踞在柘林（今上海奉贤东南）、普陀（位于今浙江东北部）等地的倭寇，胡宗宪指挥若定、计谋为上，与其他将领一起将倭寇团团围住，令严阵以待的明军向倭寇发起猛烈的进攻。一时间，倭寇丢盔弃甲、四溃而逃。胡宗宪披甲上阵、挥旗督战，将倭寇逼退至松江。

王江泾大捷后，他迎来了人生的辉煌时刻，被擢升为右佥都御史，坐上浙江巡抚的位置。此后，在赵文华的操作下，胡宗宪取代浙江总督成为浙江真正的掌权者，开启了他东南抗倭的人生传奇。

广揽人才御倭寇

自小受儒家教育的胡宗宪深知"独木难成林"的道理。面对蠢蠢欲动的倭寇，他将抗倭名将俞大猷（1503—1579）和才名远播的徐渭（1521—1593）视为自己的左膀右臂。嘉靖三十五年（1556），他任命俞大猷为浙江总兵，使其战斗才能得到充分发挥；对于才学渊博的徐渭，则亲自登门拜访，请求其为抗倭大业出谋划策。

徐渭画像

俞大猷和徐渭的加入令胡宗宪如虎添翼，倭寇被牢牢地封锁在东南沿海的海面上。此后，他又相继重用谭纶、戚继光、郑若曾、茅坤等人。在这些文士、武将的精心策划和奋勇杀敌下，抗倭战场上捷报频传。

剿灭汪、徐靖海波

倭寇从朱元璋时代就开始作乱，却不成气候。但是，从嘉靖年间开始，倭寇变得猖獗起来，逐渐成为东南沿海大患。原因之一在于汪直（？—1559）和徐海（？—1556）勾结倭寇侵扰东南沿海地区。

汪直，又名五峰，号五峰船主，既是标准的海商，又是海盗。他在日本萨摩洲松津浦自立为王，国号宋，自称徽王。胡宗宪采纳了徐渭提出的招抚汪直的建议，先是签发了释放汪直家眷的特赦令，并派使者和汪直谈判。汪直看到胡宗宪的诚意，却又对明政府心存怀疑，就让自己的养子毛海峰随使者到浙江谈判。胡宗宪与毛海峰在浙江谈判时，汪直带领军队抵达浙江舟山岑港。嘉靖三十六年（1557）十一月，胡宗宪和汪直在和谐友好的氛围中展开了谈判。谈判结束后，汪直决定去杭州游玩，但他遇到了清正廉洁、重于民事的王本固（历任监察御史、大理寺少卿、副都御史等，官至南京吏部尚书）。王本固将汪直抓进了监狱，并上书嘉靖皇帝说胡宗宪私纵罪犯、收受贿赂。面对朝堂上诘难的官员，胡宗宪被迫下令处死了汪直。

胡宗宪派人与汪直谈判之时，徐海勾结倭寇入侵东南沿海地区，烧杀抢掠，无恶不作；胡宗宪调兵遣将，抗击倭寇。浙江总兵官俞大猷采用收缩阵型的战术，稳扎稳打，使徐海不敢前进。双方僵持之际，胡宗宪采用攻心计，使徐海和倭寇之间互相猜忌，产生内讧。嘉靖三十五年（1556），徐海率部投降，最后落得投水自杀的下场。

自有丹心照汗青

以汪直和徐海为首的两大倭寇势力在胡宗宪和幕僚的运作下土崩瓦解，但是，由于汪直在招抚过程中被杀，倭寇认为明朝廷没有信用，招抚只是歼灭他们的幌子，造成以后的倭

倭寇侵扰图

寇只能剿灭、不能招抚的局面。

此时的倭寇总是小股骚扰东南沿海地区，明军无法利用优势兵力将倭寇一举歼灭。正当胡宗宪对此束手无策之时，朝廷上弹劾他的奏折日渐增多。为了东南抗倭大业，他不得不贿赂权臣严嵩，并向信奉道教的嘉靖皇帝进献吉祥的白鹿、灵芝等物，表明自己对国家和皇帝的忠诚。然而，嘉靖四十四年（1565），他还是被捕入狱，愤怒地在狱中写下了"宝剑埋冤狱，忠魂绕白云"的诗句，凄惨地结束了自己的一生。

万历十七年（1589），在正直之士和友人的呼号奔走下，含冤而死的胡宗宪终于得以昭雪，明神宗恢复了胡宗宪的名誉，肯定了他的抗倭功绩，并追谥"襄懋"。

胡宗宪跃马于抗倭战场上，誓将倭寇驱逐出中华。他善用兵法谋略，驱逐东南沿海的倭寇；他重用贤能之才，建立抗倭奇功；他巩固海防，让东南海域日益安稳。胡宗宪的赤胆忠心和忧国爱民被记录在史书典籍中，他的名字同他的功绩一样被世代流传。

俞大猷：
忠诚许国家，唯愿靖沧海

俞大猷画像

俞大猷（1503—1579），字志辅，号虚江，明朝抗倭名将，官至都督，谥号"武襄"。他一生戎马舟楫，与民族英雄戚继光并称为"俞龙戚虎"。他以御海洋、御内河、御城镇的多层次、有纵深的海防思想为主，建立起海上"舟师"。《正气堂集》汇集了俞大猷先进的海防思想和军事理论。

让我们翻开厚重的史册，寻找俞大猷的踪迹。王江泾战场上，他奋勇杀敌；平海卫战场上，他令敌人闻风丧胆；广东剿倭时，他机智勇猛，海战倭寇……

连舟航海斩倭寇

弘治十六年（1503），俞大猷出生在河市镇（位于今福建泉州）。在习文练武的日子里，他立下伟大的志向："我辈在世间，下为苍生，上为庙社，唯自尽其心而已。"他的一生，时刻践行最初的志向。

嘉靖三十一年（1552），倭寇大举入侵浙江沿海地带，此时小有名气的俞大猷走向抗倭的前线，一生戎马舟楫由此展开。

王江泾大捷

嘉靖三十四年（1555），柘林、普陀等地的倭寇分三路进军浙江，烧杀抢掠，给当地百姓带来了深重的灾难。浙江总督张经筹划在王江泾镇（位于今浙江嘉兴北）给予来犯倭寇以痛击。此时的俞大猷已经升为苏松副总

王江泾之战场景图

兵。在勘察敌情后，思虑再三的他向张经提出"御倭海上、内河和集中兵力全歼倭寇"的主张。张经采纳了他的部分建议，取得了明朝抗倭以来最大的一次胜利——王江泾大捷，不仅歼灭了倭寇的有生力量，而且打破了倭寇不败的传闻。但是，后来张经在奸臣严嵩的陷害下蒙冤而死，俞大猷也被贬官。

平海卫大捷

嘉靖四十二年（1563）正月，因抗倭需要，俞大猷出任福建总兵，又一次走向抗倭前线。此次，他和戚继光一起进入福建，支援抗倭大业。俞大猷率领 6000 名士兵先抵达平海地区（位于今福建莆田）。平海卫是明朝海防体系中的重要一环，是福建大门的守卫者。平海地区缺乏建造营房的建筑材料，俞大猷不得不拆毁民居建营房。当时时值隆冬，军队缺衣少粮，在这种迫不得已的情况下，他只好命令官兵征集百姓粮食。俞大猷对此十分自责，对百姓愧疚难当。面对与明军势均力敌的倭寇，他排兵布

平海卫之战场景图

阵，打算以合围之势绞杀倭寇。同年十月，明军首先向盘踞在福建沿海地区的倭寇发起总攻，戚家军为前锋，俞大猷与刘显分别从左、右两翼杀入战场，倭寇丢盔弃甲溃不成军，平海卫之战仅用四五个小时就结束战斗，歼敌2000多人，此后"俞龙戚虎"的名号大振。

广东剿倭

浙江、福建的倭寇逐渐平息后，广东一带特别是潮州倭患对当地造成了毁灭性的破坏。嘉靖四十三年（1564），俞大猷被任命为广东总兵官。面对广东的严峻形势，他直击关键点。俞大猷采用离间计，使互为犄角的倭寇和大盗吴平互不信任。二者的联合分崩离析，使得倭寇在沿海地带处于孤立无援的境地。三月初，广东剿倭之战在邹塘拉开了序幕，芦清、戎水的倭寇被逐一清除；三个月的时间，广东的倭患基本被平息。

倚剑东溟聚正气

深谋远虑、功收万全是俞大猷用兵的基本思想；从严治军是他治军思想的核心；御海洋、御内河、御城镇的多层次、有纵深的防御战略是他的海防思想，该思想主要强调水上防御，并营建一支强大的海上防御力量——舟师。俞大猷这种多层次、全方位的海防思想在明朝具有先见之明，对后世军事理论有突出的贡献，丰富了我国的军事理论。同时，他著有一部饱含哲理的军事理论、兵器发明和武术训练的巨著——《正气堂集》，这是

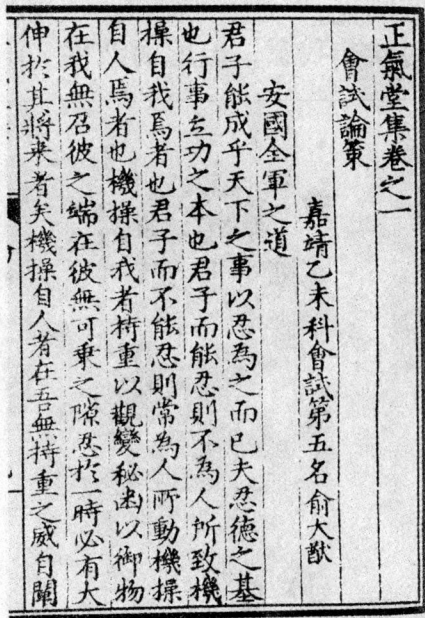

《正气堂集》书影

我国珍贵的军事文献资料。

　　俞大猷一生身经百战，四为参将，六为总兵，两为都督，身居抗击外敌前线34载，是伟大的中华民族英雄。

　　战争的硝烟早就消逝于历史的天空，声声马嘶早已远去，俞大猷的都督府第湮没在岁月的尘烟中。2003年，正值俞大猷诞辰500周年，泉州市"民族英雄俞大猷纪念馆"建成，人们从四面八方赶来，欣赏纪念馆中陈列的展品，了解俞大猷跌宕起伏的一生。顺着时间那深浅不一的脚印，人们仿佛来到杀声震天的东南沿海，看到为国为民的俞大猷，骑着一匹骏马，发出进攻的号令，剑指倭寇，还沿海百姓一方安宁……

戚继光：
封侯非我意，但愿海波平

戚继光画像

　　戚继光（1528—1588），字元敬，号南塘，晚号孟诸，明朝抗倭御侮的民族英雄，著名的军事家，文学家。他率领"戚家军"与倭寇大大小小数百战，为平定明朝东南沿海倭寇之乱、保卫沿海百姓的生命财产安全做出了巨大贡献。他的军事著作《纪效新书》《练兵实纪》是我国古代军事史上的重要文献，其文学著作《止止堂集》亦流传于世。

"一片丹心风浪里，心怀击楫敢忘忧"，是戚继光十余载抗击倭寇的内心真实写照。翻开厚重的史书，明朝200多年的抗倭史中未曾有第二人同戚继光一般，生前南北驱驰抗击外敌，未有败绩。

功名书剑一囊轻

登临丹崖之巅的蓬莱阁，极目远望，有一"海上堡垒"周围帆樯林立，船只往来不绝，这就是国内现存最完整的古代水军基地——蓬莱水城，亦是戚继光训练抗倭军事力量的基地。

嘉靖三十二年（1553），年少有为的戚继光任"擢署都指挥佥事，备倭山东"。此时，倭寇是明朝的心腹大患，他们侵扰经济发达、资源充裕的东南沿海地区，把战火和死亡带给那里的居民；更有胆大妄为的倭寇沿海北上，一路烧杀抢掠，侵犯山东沿海一带。戚继光对倭寇的罪恶行径深恶痛绝。因此，时任山东都指挥佥事时，他根据蓬莱水城险峻的地势，在此训练抗倭的水军。

嘉靖三十四年（1555），戚继光被调往浙江，任浙江都司佥事；第二年，任宁绍台参将；之后的10多年里他一直奋斗在抗倭第一线，正是"一年三百六十日，多是横戈马上行"。

今蓬莱水城局部

长旌鸳鸯踏倭营

　　嘉靖三十七年（1558），戚继光在浙江一带认真考察山川地形，深入研究倭寇的作战特点和战斗习惯后，创建了攻无不克、战无不胜的军队——戚家军。和其他军队不同的是，军纪严明的戚家军是一支既能"铁甲泛龙舟"又能"策马啸长空"的战斗队伍。

　　戚家军百战不败的辉煌让人心向往之，而它著名的鸳鸯阵更是令无数军事家和军事爱好者赞叹不已。在戚继光的军事著作《纪效新书》《练兵

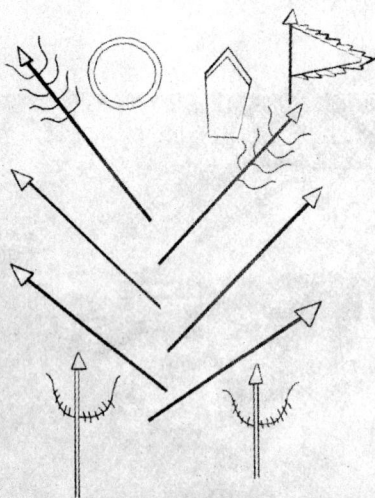

鸳鸯阵

　　实纪》中，我们不仅能看到他先进的军事思想，而且能寻找到鸳鸯阵的战斗形式。鸳鸯阵不是玄之又玄的战阵，而是四平八稳的实战应用，是戚继光依据东南沿海的地形，以及倭寇的作战特点发明的，小者数人可作战，大者万人对阵亦可行。

　　在东南沿海，戚家军所向披靡，令倭寇闻风丧胆，纷纷弃甲而逃。

一剑横空海宇靖

　　嘉靖三十四年至嘉靖四十五年（1555—1566），戚继光率领戚家军横扫入侵浙江、福建、广东沿海地区的倭寇，先后取得岑港之战、台州之战、福建之战等重要战役的胜利，是当之无愧的民族英雄。

岑港之战

　　嘉靖三十六年（1557）冬，胡宗宪虽处死汪直，但汪直的养子毛海峰仍占据岑港（位于今浙江舟山本岛西部）。第二年春，明朝另一位抗倭名将俞大猷进攻浙江舟山岛西部的岑港。这本来是唾手可得的事情，然而，毛海峰固守岑港拒不应战，使岑港之

战打了近一年。嘉靖皇帝十分恼火，下令一月之内必须夺下岑港，否则就处罚所有参战将领。在此情形下，戚继光自告奋勇剿灭毛海峰。

戚继光采用心理战的打法，先是减缓进攻的次数，仅派几名小兵上前叫阵，麻痹敌人的神经，同时又勘察地形，选择最有利的突破口，直到时机成熟便发动总攻，一举取得岑港之战的胜利。

台州之战

嘉靖四十年（1561），倭寇纠集2万人马，浩浩荡荡地向浙江进发，著名的台州大战拉开了序幕。

倭寇进犯的第一个城市是浙江东部的宁海，戚继光指挥戚家军以鸳鸯阵进攻宁海的倭寇。倭寇抱头鼠窜，一部分躲进雁荡山的要隘雁门岭，戚家军势不可挡，一举拿下了雁门岭；

台州大捷场景图

另外一部分倭寇趁机攻占台州，戚家军和倭寇在花街开战，戚继光把自己的银甲当作奖励，激励全军奋勇杀敌。最终，倭寇溃不成军，戚家军打了个大胜仗。但是，四天后又有倭寇在台州烧杀抢掠。戚继光同倭寇正面对峙三天，并在倭寇逃跑的路上设下埋伏。他让士兵在仙居上峰岭处拿着树枝，伪装成丛林，引倭寇上当。在倭寇到达上峰岭的时候，戚继光下达了总攻的命令，将倭寇打得丢盔弃甲落荒而逃，台州大捷使得戚家军一战成名。

福建之战

倭寇在没有夺下浙江反而损兵折将回去后，心有不甘，大肆入侵福建沿海地区。福建巡抚连连上书请求支援，戚家军开始了新的征程。

嘉靖四十一年（1562），戚继光率领戚家军转战福建。分析倭寇的情形后，戚继光决定首先攻打盘踞在横屿岛（今福建宁德东侧的海上孤岛）上的倭寇。横屿岛上的倭寇大部分是日本的浪人，极度凶残，而且横屿岛特殊的地理环境也使得想要取得这场战争的胜利难上加难。早上退潮时由海水带来的泥沙使路面变得泥泞不

堪，而晚上涨潮时海水又将横屿岛与陆地隔开几十里远。戚继光在实地考察地形后，决定背水一战。早上退潮和晚上涨潮之间有八个小时，他命将士带着大量的稻草撒草铺路。在泥泞的海滩上前进十分耗费体力，待登上横屿岛，将士们已筋疲力尽。为鼓舞士气，他亲自擂打战鼓，驱散将士的疲惫。戚家军如猛虎出笼，勇猛地扑向横屿岛上的倭寇，并最终取得胜利。倭寇对用兵如神的戚继光畏之如虎，他也因此有了"戚老虎"的威名。

戚继光智勇兼备、多谋善断，为扫清东南沿海的倭寇奋战十余载，廓清海疆；其一手创立的戚家军是明朝百战百胜的抗敌之军，是百姓交口称赞的仁义之师，是流芳千古的英雄队伍。戚继光和戚家军的功绩彪炳史册，是中华儿女心中的民族大英雄。

斯人已逝，然风物犹在。戚继光的雕像矗立于蓬莱水城，远眺与天际相连的茫茫大海。他浙江抗倭，生平百战均无败绩，基本肃清东南沿海的倭寇，又创设戚家军，打造了一支海战、陆战皆宜的军队。他的两部军事著作——《纪效新书》和《练兵实纪》代表了当时中国海洋军事思想。他用

戚继光雕像

一生证明了自己的年少大志，而其年少时期诗作中的"封侯非我意，但愿海波平"也成为后人表达志向的座右铭。

邓子龙:
剑气御倭寇，丹心戍海疆

邓子龙画像

邓子龙（？—1598），字武桥，号大千，别号虎冠道人，明朝著名军事将领，官至副总兵。邓子龙从军长达40余年，在福建、广东沿海地区抗倭16年，屡立战功，还沿海百姓海靖波平。在抗倭援朝战争中，年近古稀的他率领中国水师奋勇杀敌，与朝鲜名将李舜臣联手御倭，在露梁津大海战中壮烈牺牲，是伟大的民族英雄。

他，是写下"月斜诗梦瘦，风散墨花香"的儒雅书生，是将"磨就霜锋胆气雄，神光长射斗牛中"作为人生志向的豪情侠客，是"七千里外边城月，唯对孤悬报国心"的一世名将……他是邓子龙，在倭寇进犯时剑气横扫闽粤沿海，在抗倭援朝时身披战甲，戍卫海疆。

剑气横扫御倭寇

江西省丰城市新庄镇落星桥狮子邓家村的南部有一块凸起的鱼形田地，被当地人称为"鲤鱼跃龙门"，而邓子龙就长眠于"鲤鱼头上"。在当地的传说中，少年邓子龙智勇双全，颇有侠义之气。他经常为受到欺压的百姓讨回公道，由此惹上大祸，不得不离家出逃。在外漂泊的日子，他幸遇名师指点，习文练武，直至走向抗倭的战场。

嘉靖三十七年（1558），"貌魁梧，骁健绝伦"的邓子龙考中武举，从此走向长达 40 余年的戎马生涯。

　　此时正值东南沿海倭寇肆虐之时，明朝抗倭名将戚继光、俞大猷等人在浙江一带抵抗倭寇的主力入侵，而福建与广东的沿海百姓亦受到小股倭寇的侵扰，苦不堪言。邓子龙随军远赴福建、广东，征讨倭寇。

　　从嘉靖三十七年到万历二年（1558—1574）17 年的时间里，骁勇善战的邓子龙投身到轰轰烈烈的抗倭斗争中。他率领官兵先后转战福建、广东沿海，大小数百战，屡建功勋，从一个下级军官成长为具有丰富战斗经验的将领。

船舰奔涌戍海疆

　　万历二十年（1592），日本野心家丰臣秀吉发动侵朝战争，蓄谋已久的日军很快攻陷汉城（今韩国首尔）、平壤等地。朝鲜国王李昖向明政府求助，明神宗派宋应昌和李如松率领 4

露梁海战示意图

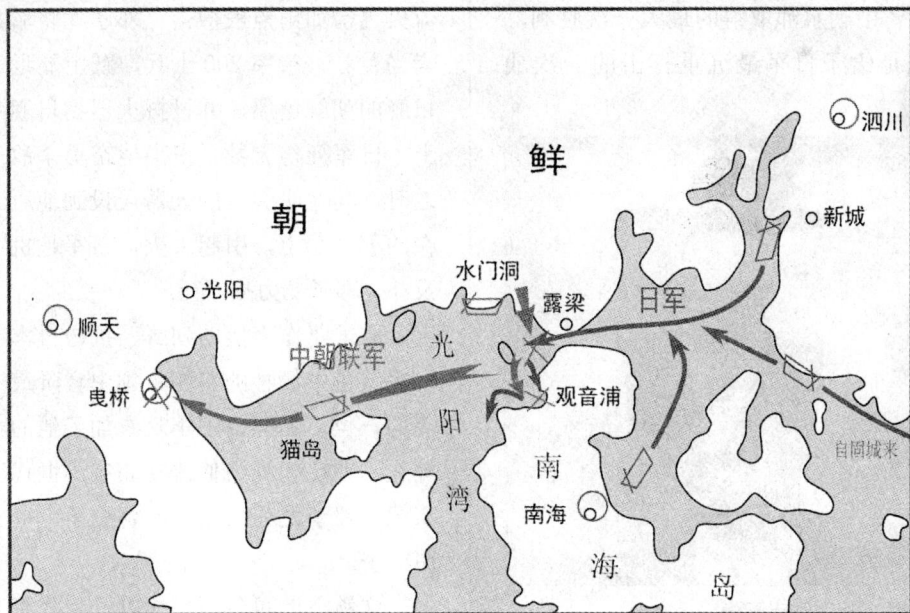

万大军渡过鸭绿江，增援朝鲜人民。战争第一阶段，明军经过惨烈的战斗，收复朝鲜大部分领土，将日本侵略者压制在朝鲜半岛沿海一带。中朝联军没有水师，无法彻底打击日军的有生力量，双方陷入胶着状态。万历二十六年（1598）二月，明神宗诏令陈璘率领广东水师，邓子龙带领浙江、河北水兵共1.3万先后抵达朝鲜沿海一带。此时的邓子龙几近古稀之年，为了国家大义，解甲归田的他重披战袍，与朝鲜著名海军将领李舜臣联手打击日军的海上力量。

中朝水师取得的最大一次胜利，也是给予日军最沉重打击的一次战

朝鲜将领李舜臣画像

役，便是露梁海战。

同年八月，丰臣秀吉病死，遗命日军撤离朝鲜。日军制定步步为营的策略陆续撤离朝鲜，这一情报被明朝水师提督陈璘知晓。他命令中朝水师联军驾驶战船800余艘，在海上狙击日军。

同年十一月十九的凌晨，邓子龙和朝鲜将领李舜臣率水军千人，驾驶战舰三艘充当前锋，隐藏于露梁津海域。当日本撤退船舰进入埋伏圈时，邓子龙下令船队向日军猛扑，并发射火器。一瞬间，战火点燃整个海面，流矢飞箭如雨点般散落。邓子龙将军老当益壮，亲率200士兵，跃上靠近日舰的朝鲜龟船，并投掷火器到日舰上，日军死伤无数。正当他奋勇杀敌之时，其他船舰上的火器误投到他所在的朝鲜船上，引起大火，日军趁机反扑，邓子龙力战而死。

邓子龙作为援助朝鲜、抗击日本侵略战争中牺牲的明朝将领中官阶最高的一位，朝鲜国王李昖参加了他的葬礼，并在朝鲜为他建立庙宇，世代祭祀。邓子龙死后追赠都督佥事，世荫一子。

这场举世闻名的海战以中朝联军

沉香合葬归故里

由于露梁海战战况激烈，战事结束后将士仅找到邓子龙的无首尸体。百般寻找无果的情况下，邓氏族人将邓子龙生前最喜爱的一块沉香木作为他的头颅，连同遗体与战衣入殓。

邓子龙，年少应募入伍，身经百战，战功卓绝；他年逾古稀援朝抗日，抛头献丹心。在其从军生涯中，他始终关心百姓的安危，驱逐倭寇，还饱经战火的沿海居民一片平静。在福建、广东、江西、湖南、贵州、云南等地均留有邓子龙遗迹。他是我国伟大的民族英雄，其强烈的爱国主义精神、勇献碧血丹心的民族英雄气概和不计得失、顾全大局的宽广胸襟，值得我们继承和发扬。

朝鲜龟船模型

的辉煌胜利而告终，数以万计的日军命丧露梁西海海域，中朝联军击沉和焚毁日舰450余艘，这场以少胜多的大规模区域性海战成为世界海战中的经典案例。然而，邓子龙舍己于茫茫大海，身后勋隆虽盛，却有客死异乡的悲情。

郑成功：
忠节感苍穹，肝胆照波涛

郑成功雕像

郑成功（1624—1662），本名森，又名福松，字明俨、大木，南明抗清名将，民族英雄，因受南明隆武帝赐明朝国姓"朱"，被称为"国姓爷"，受封延平王。他在东南沿海抗清，是南明政权主要军事力量之一。他驱逐侵占我国台湾38年之久的荷兰殖民者，收复台湾，并在台湾实施一系列措施：鼓励垦荒，重视商业，劝学兴校，传播文化。

在明末清初那个战乱频繁的时代，郑成功剑指台湾，驱逐荷兰侵略者，将台湾收回祖国的怀抱。

敢向东南争半壁

天启四年（1624），郑成功出生在日本长崎县属平户岛的川内町；其父郑芝龙，娶日本妻子生郑成功。郑成功天资聪颖、敏而好学，少年时便心怀大志，喜诵《春秋》和《孙子兵法》。这两本书对他成为一名卓越的军事指挥家有深刻的影响。

崇祯十七年（1644），李自成率领大顺起义军攻占北京，崇祯皇帝在北京煤山（今北京景山）自缢，统治中国276年的明朝灭亡了，郑成功和父亲一同投向南明政权。郑芝龙的本质是一个商人，商人的天性使他明白南明政权岌岌可危，于是，他选择向清军投诚。首先，他撤回福建关防的将士，让清军兵不血刃地夺下福州，此外他还派兵追杀隆武帝；其后，他接受清朝的招抚。最令郑成功不堪忍受的是其母因不堪清兵侮辱自缢身亡。突然的变故和痛苦的磨难使他与父亲彻底决裂，二人自此分道扬镳。郑成功以天下苍生为己任，立志抗清。

南明永历元年（1647），招募数千兵马的郑成功拥奉永历帝朱由榔为正统，在东南沿海抗击清军。沿海地区深受清军压迫的农民、渔民等纷纷投奔郑成功队伍，不愿随郑芝龙降清的旧部也归附于他。郑成功据此建立了一支强大的海上军事力量，以金门和厦门为基地，转战闽、粤、浙三省沿海地区，成为清军的心腹大患。

南明永历十三年（1659），郑成功开始平生规模最大也是最后一次北伐。他率领水、陆士兵10万余人，战船数千，一路势如破竹，直逼南京城下，此时的清政府根本无力抵抗。按

郑芝龙雕像

照当时的战争局势来看，南明政权西南方向的明军牵制了清军的主力，而且此时南京守军力量薄弱，清军又不善水战，战争局势一片大好。但是，郑成功拒绝将领们速战速决的要求，推迟进攻，给了清军喘息的时间，各路清军集结南京，最终，郑成功北伐失败。

剑指台湾逐荷夷

台湾自古以来就是中国领土的一部分，但自16世纪中叶以来，葡萄牙、荷兰、西班牙和日本侵略者纷纷妄图染指我国台湾。天启四年（1624），荷兰殖民者侵占台湾南部，至南明永历十六年（1662）郑成功驱逐荷兰侵

郑成功宝船模型

略者，长达38年的"荷据时代"里台湾人民的反抗斗争从未停止过，这为郑成功收复台湾打下了基础。

郑成功收复台湾场景图

南明永历十三年（1659），郑成功力排众议，制定驱逐荷夷、收复台湾的战争策略。他积极筹备粮饷，修整战船，备造军器；同时，了解台湾现状，做到知己知彼。

横渡海峡

南明永历十五年（1661）三月，郑成功集结船舰自金门出发，亲率第

一梯队航行数日抵达澎湖列岛海域。三月廿七，郑成功大军行驶到柑橘屿（今东吉屿、西吉屿）海面。当时黑云压顶，狂风巨浪顷刻间吞没小船，郑成功只好返回澎湖避风。三日后，他做出大胆而果断的决定，冒雨开船，抢占攻台先机。

郑军在风浪中搏斗了大半夜，直到三更时分风浪才渐渐停止。四月初一拂晓，明军抵达鹿耳门港外。根据潮汐规律，每月初一、十六是满潮，郑成功大船通过鹿耳门水道进入台江，在浓雾的掩护下出现在荷兰侵略者面前。一时间旌旗遮天蔽日，荷兰侵略者惊慌失措、无心反击，仅数小时，郑军便取得登陆战的胜利。急忙调兵遣将的荷兰侵略者出动夹板船阻挡，郑成功水师突破荷兰侵略者的炮火防线，成功登陆赤崁城（或赤嵌城，位于今台湾台南）北部的禾寮港。这是我国海战史上规模最大、距离最远的一次登陆战，对我国海战史具有重要意义。

台江之战

郑成功登陆台湾的消息传到荷兰

总督揆一耳中，揆一迅速召开会议制订作战计划，与郑军同时展开海上、陆地之战。陆战在北线尾地区展开，北路荷军贝德尔上尉趁郑军刚刚登陆，率兵突袭郑军，被郑军打得抱头鼠窜，狼狈而逃。南路增援的荷军由阿尔多普上尉率领，郑军出动"铁人"军团迎击，荷军死伤惨重，争先逃命，北线尾陆战以荷军全面溃败而结束。

同一时刻，荷军总督揆一出动两艘战舰和两艘小艇在台江阻击郑军。

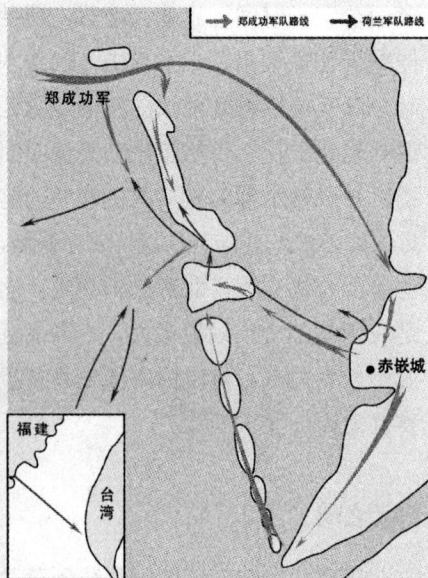

郑成功收复台湾路线图

尽管荷军的舰船设备先进、炮火猛烈，但是郑军采用合围之势，围困荷兰舰船使其不能发挥自身的优势。硝烟滚滚，炮火蔽日，郑军舰队击中荷军主力舰"赫克托"号上的军火库，战争局面立即明朗，不到半个小时，郑军取得海面战争的胜利。赤崁城在外无援救、内无希望的情况下于南明永历十五年（1661）四月初六投降，郑军收复赤崁城。

击败荷兰援军

热兰遮城是荷军在台湾的统治中心，易守难攻；城内设置多门大炮，封锁从海、陆两面进攻的可能性。郑成功曾多次劝降，但荷兰侵略者顽抗到底。

同年六月初十，雅科布·考乌率领拼凑的700人舰队前往台湾救援，38天后抵达大员湾。然而，天公不作美，海上飓风突起，雅克布·乌考内心畏惧，不敢援助荷军，并以港内风浪太大为由，在港外停泊长达28天。八月廿一，荷军出动舰船攻击郑军，却因天气原因未能到达指定地点。郑军发现敌舰后首发炮弹，打得侵略者措手不及，经过一小时激战，荷兰军队损失惨重，以失败告终。南明永历十六年（1662）腊月初六清晨，郑军炮轰乌特利支堡，郑成功坐镇指挥，拉开总攻的序幕。经过数日激战，荷兰总督揆一于腊月十三在投降书上签字，成千上万的台湾同胞欢呼鼓舞，庆贺自己重回祖国母亲的怀抱。

郑成功收复台湾、立志抗清的行为深得民心，台湾、福建等地百姓为其修建庙宇，并于每年春秋二季举办祭典，这已成为一种文化活动。台南延平郡王祠、郑氏家庙、彰化郑成功庙、厦门鼓浪屿郑成功纪念馆、南安郑成功纪念馆、鼓浪屿皓月园……都有定期集会，祭祀郑成功的活动。

明末清初之际，郑成功在东南沿海组织海、陆军事力量，向清朝发起挑战。抗清失败后，他率军渡过台湾海峡，驱逐荷兰侵略者，收复台湾。郑成功在台湾实施了一系列的政治、经济、文化、社会措施，维护了台湾地区的稳定与和平。海峡两岸的百姓怀着尊崇之心，将郑成功的事迹口口相传至今。

鼓浪屿皓月园内郑成功雕像

施琅:
东海霹雳将，威震台湾岛

施琅雕像

施琅（1621—1696），字尊侯，号琢公，清初战功卓绝将领之一，封靖海侯，谥号"忠壮"。施琅早年随郑成功抗清复明，后投降清朝；驻守同安、海澄、厦门等地，率军统一台湾，并在台置治设防；请封妈祖为天后，传播妈祖文化；著有《靖海纪事》《平南实录》等。

厦门同安东郊有一座清朝康熙年间的石牌坊，它历经百年的风霜，向后人展现清初统一台湾的施琅大将军一生的丰功伟绩。

将帅俊才锋芒露

天启年间的明朝已呈日薄西山之象，此时正是明清鼎革的动荡时代。天启元年（1621），施琅降生于福建泉州晋江一个沿海的小渔村里。他自小习文练武，精通兵法武艺。17岁时，他加入了郑芝龙的队伍，从此开启了军旅征战的一生，也开始了与郑氏家族四代之间的恩怨纠缠。

施琅在郑芝龙部队中屡立战功，引起郑成功的注意。郑成功因为父亲郑芝龙降清事件与其恩断义绝，立志反清复明。他对施琅晓以大义，施琅毅然加入郑成功反清复明的队伍中，并成为军队的主要将领之一。

郑成功对骁勇善战的施琅格外器重，不仅授予他左先锋镇一职，而且与他共商抗清大事。投之以木瓜，报之以琼琚，施琅以自己的才华为郑成功出谋划策、抗击清军。然而，郑成功与施琅都是军事能将，在某些事情上意见相左亦是平常，只是矛盾不断积累终将爆发，这个"导火索"就是曾德事件。

曾德是明军中的元老级人物，由于受到施琅的节制，一直郁郁不得志，就利用以往的人脉将自己调入郑成功的军中，并成为亲随。施琅知道后大为震怒，令人将曾德抓回斩首。他被抓捕后，郑成功顾念旧情，想要从轻处置，执法严厉的施琅却将其就地格杀。这一行为惹怒了郑成功，他认为施琅有反叛之心，就下令抓捕施氏父子三人。施琅在旧部帮助下逃出围捕，但其父和弟弟被处斩。施琅对郑成功恨之入骨，再次投降清朝，立志报仇雪恨。

将军出征台湾岛

施琅将自己的平台大计写成《边患宜靖疏》《尽陈所见书》，分别于康熙六年（1667）和康熙七年（1668）上奏，主张武力统一台湾，并先取澎湖，对台湾郑氏采取剿抚并用的策略。施琅了解台湾郑氏权力更替、熟悉海上作战方式，对何时攻取台湾和如何攻取台湾成竹在胸，但此时清朝对台政策发生变化，施琅留京宿卫。然而，在京蛰伏的时间里，施琅对台作战计划日渐成熟。

康熙二十二年（1683），康熙皇帝任命施琅为福建水师提督，积极备战，攻取台湾。同年六月中旬，施琅率领福建水师趁着夏天刮南风之机，秘密出兵澎湖。澎湖守军刘国轩防守失误，施琅以雷霆之势夺取八罩岛，首战告捷，施琅控制了澎湖南部一带。澎湖守军陷入惊慌失措的混乱状态，将领刘国轩将计就计，下令澎湖守军以弱示施琅水军，使施琅骄傲轻敌，走进澎湖守军的包围圈，最后瓮中捉鳖。六月十六清晨，施琅率领战船驶进澎湖，只是此时等待清军的是严阵以待的澎湖守军。先锋蓝理中炮扑地，腹部被炮弹碎片割破，却丝毫不惧，将血淋淋的肠子盘入腹中，指挥战船突围而出。看到这一场景的施琅正欲援救蓝理，却被澎湖守军一箭射中右眼，施琅怒急拔箭，血流满面。因天色将晚，清军退出澎湖湾，停泊西屿头海面。

施琅重新制订进攻方案，集中优势战船，对澎湖守军各个击破。六月廿二黎明，施琅率领 200 多艘战船，以狂飙怒浪之势冲进澎湖湾，分正面、东线、西线三个战场开始攻击。随着战争形势的改变，施琅派遣三艘行进快速的战船，驶达澎湖守军所在地，燃起大火，将澎湖守军的火药储备炸掉。施琅凭借高超的军事指挥才能占领澎湖，向台湾进发。

澎湖大捷后，施琅一边安抚民心，一边向台湾郑氏递出橄榄枝。面对强大的清军和军心溃散的郑军，闰六月初八，郑克塽请表纳降。此后，施琅率领水师踏上台湾的土地。

施琅圆满地完成平定台湾郑氏的国家重任，使沿海地区的百姓再无兵戈之苦；又为亲人报仇雪恨，消灭台湾郑氏。但有关台湾的"弃留问题"成了施琅关注的重点。经过八个多月朝堂的争辩，康熙皇帝设台湾府属福建省辖，正式将台湾纳入清朝的版图，台湾成为我国领土中神圣不可分割的一部分。

靖海侯府祭施琅

康熙四十八年（1709），施世纶（施琅之子）将施琅在统一台湾过程中的方针政策、作战计划、军事部署、对伤亡将士的褒奖措施，以及统一台湾后安抚民心、选贤用人、建设台湾府的建议编录《靖海纪事》一书，刊行于世。此书颇为详尽，是研究清政府统一台湾事件的珍贵资料。

晋江龙湖镇衙口村的居民为清一

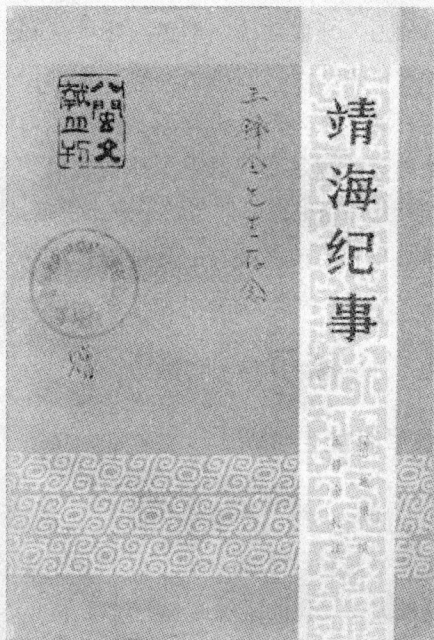

《靖海纪事》书影

色施姓人，施琅故居靖海侯府（亦施琅纪念馆）坐落在此，八座府邸相连，成为衙口村的标志。2003 年，为纪念施琅将军统一台湾 320 周年，在此地建造施琅将军塑像。施琅墓地位于惠安鹤顶山的斜坡上。因施琅平台大功，墓园内留有三道圣旨石刻，保证施琅陵墓不受侵扰。同安区大同村的绩光铜柱坊是表彰靖海侯施琅统一台湾的功绩，建于康熙五十六年（1717），是目前厦门地区规模最大、保存最好的清代石牌坊。

施琅一生最大的功绩就是统一台湾，然而，我们亦不能忽略施琅在清廷上据理力争、竭力保台的功绩。作为一代名将，施琅的海防和海权思想、不畏艰险的意志和毅力等值得后人学习，施琅对中华民族的统一和发展所做出的贡献更值得我们尊崇敬仰。

关天培：
虎门忠节公，血洒珠江口

关天培画像

关天培（1781—1841），字仲因，号滋圃，清朝抗英名将，民族英雄，官至广东水师提督，谥号"忠节"。他勤于海防，是虎门防御工程建设的总设计师；他善练水师，在第一次鸦片战争中与英夷海战虎门，壮烈殉国；著有《筹海初集》四卷，它们是记录建设虎门海防的经验和资料的汇集。

古朴肃穆的关忠节公祠坐落在江苏淮安，这里传颂着关天培血战虎门抵抗英夷的事迹。

将军威震虎门天

关天培是江苏淮安人，习得一身马上射箭、水下搏浪的好功夫。本着"学成文武艺，货与帝王家"的传统思想，嘉庆八年（1803），他考取武秀才，从此投身军旅，为国家挥洒热血和激情。

道光六年（1826），清政府出现漕运危机，漕粮海运提上日程。时任吴淞营参将的关天培，向江苏巡抚陶澍提出自愿押运护航的要求。关天培押送上千艘漕船自吴淞口外起航，经历海上风暴的袭击，千辛万苦将漕船安全押送至天津。他在此次运送过程中居功甚伟。数年后，道光皇帝委任他为广东水师提督。

虎门泛指从狮子洋到伶仃洋，长约8000米的珠江江面及附近地区，不仅是珠江的入海口，更是广东的门户，虎门犹如长城一般守卫广东地区。由于清朝在广州一口通商，甚有远见的嘉庆皇帝增设广东水师提督一职，衙署设在虎门寨（位于今广东省东莞市虎门镇），专门负责虎门水域的海防。

道光十四年（1834），关天培任广东水师提督。他详细考察了虎门的地形地势，深感虎门为"防夷船第一要隘"，加强虎门海防刻不容缓。他在虎门海防现有的基础上，提出了三重门户的虎门防卫体系：增修炮台、铸造重炮、整编水师。在他的精心设计下，虎门要塞彻底改变了残破不堪的面貌，令敌人望而生畏。在整顿和建设海防设施时，他严明军纪，操练水师官兵，使广东水师成为一支能攻善战的海上军队。

竭力销烟系百姓

鸦片，由罂粟的果实提炼而成，在唐朝之前由阿拉伯人传入我国，那时它有个美丽的名字"阿芙蓉"。作为中国药材铺的一员，它的作用就是镇痛、麻醉。雍正年间，中国人发明了吸食鸦片的新方法（一说是爪哇人发明，后传入我国），就是将鸦片与烟叶掺在一起吸食。时至道光十八年（1838），鸦片在清朝泛滥成灾，道光皇帝下令禁烟，可成效甚微，便命令雷厉风行的禁烟大臣林则徐去广州禁烟。

第二年，林则徐抵达广州，开始了轰轰烈烈的禁烟运动。在此之前，两广总督邓廷桢、广东水师提督关天培严查鸦片，惩治鸦片走私者。道光十七年（1837）年底，关天培协助邓廷桢擒获鸦片走私者郭康等26人，收缴鸦片数百斤。关天培是林则徐在广州开展禁烟运动时的得力助手，林则徐的每项禁烟政策都有他的心血。

四月廿二，天朗气清，震惊中外的虎门销烟开始了。销烟持续了23天，年过花甲的老将关天培日夜驻守虎门要塞，密切注视海面情况，对虎门防卫未有丝毫懈怠，身体力行地宣示自己对林则徐禁烟行动的支持。

血战英夷忠魂显

数以万计的鸦片在销烟池中化作滚滚浓烟消散于虎门的天空，在隆隆礼炮中的中华儿女欢呼雀跃庆祝这胜利的一刻。然而，中英第一次鸦片战争随后爆发。

穿鼻洋战役

林则徐虎门销烟之际，英国鸦片贩子全副武装地带着上万箱鸦片出现在伶仃洋海面上，林则徐和义律等英

虎门销烟浮雕

商之间的冲突不断加剧。九月廿八，林则徐与义律发生冲突，关天培率领广东水师在穿鼻洋海域迎战义律的军舰。整场战争大概持续40分钟，英军军舰火力强大，广东水师伤亡惨重，在所有战船都退出战场、自己军舰受到毁灭性打击的时候，关天培仍然指挥战舰向英国军舰开炮。全舰官兵受到鼓舞，密集的炮弹激起千重海浪，数发炮弹击中英军舰"窝拉疑"号，英军见势不妙，仓皇而逃。

血战虎门

道光二十一年（1841），英军对虎门发动攻击。虎门的第一道防线沙角和大角山炮台首当其冲，20多艘军舰轮番炮击沙角和大角山炮台。炮台守将陈连升率领600多官兵奋力抵抗，等待援军到来。但是，琦善面对陈连升的求援文书，拒发一兵一卒，英军很快攻上沙角和大角山炮台，陈连升和驻守官兵与英军展开惨烈的肉搏战，战到最后一兵一卒，谱写了虎门保卫战的序曲。驻守靖远炮台的关天培听到陈连升和全体官兵壮烈殉国的消息，不禁老泪纵横。

关天培驻守的靖远炮台是第二道防线。二月初四，英军向关天培发出最后通牒，要求他无条件投降，他未做理会。第二天，英军占领下横档岛，并以此作为攻击虎门的据点。

关天培虎门抗英场景图

二月初六，虎门大战正式爆发。英军大炮射程远、火力强，清军被英军强大的火力死死压制。此时，英军军舰炮轰关天培所在的靖远炮台以及两侧的威远、镇远炮台。英军军舰停泊在炮台西南侧，靖远和镇远两炮台不能转向，无法配合作战，仅有威远炮台独自应对英军炮火。关天培沉着镇定地指挥威远炮台反击英军，并将变卖家产换来的白银作为悬赏，鼓励官兵奋勇杀敌。可是，英军的炮火太猛烈了，守军溃败而逃。关天培点燃巨炮还击，在如雨点般的炮弹中壮烈牺牲。下午五点，战斗结束，英军找

靖远炮台遗址局部

到关天培的尸首。出于对这位英雄的敬重，英军将尸首交给了关天培的家人。

道光皇帝听闻关天培牺牲之惨烈，下谕："该员统领士卒，为国捐躯，着即在遇害地方，建立专祠，以慰忠魂，而彰节义。"

关天培用生命书写着中国人民抵御外辱的历史，他的爱国主义精神流芳百世，激励着后代子孙奋斗不息。在他牺牲后的100多年里，后人用不同的方式纪念他，如在虎门和淮安建造关天培祠，只是虎门关天培祠在抗日战争中惨遭毁坏，仅留下虎门炮台遗址；淮安关天培祠是其子筹集资金建造，名为"关忠节公祠"。

关天培是鸦片战争中牺牲的第一位清军高级将领。他面对强敌，置生死于度外，与敌人血战到底；他面对民族危难，挺身而出，用实际行动谱写爱国主义的英雄赞歌；他先进的海防思想更为世人所敬，无愧于民族英雄的美誉。

甲午英杰：
北洋忠烈，血染黄海

甲午战争（1894—1895），是晚清年间日本侵略中国和朝鲜的非正义战争。甲午战争历时9个月，日本先后攻占朝鲜平壤，中国旅顺、威海等地，对反抗者进行残酷的镇压。1895年4月17日中日签订的《马关条约》，给中华民族带来空前危机，中国半殖民地半封建社会进一步加深，而日本则依靠战争赔款跻身世界强国之列。

光绪二十年（1894）爆发的中日甲午战争，实为近代中国历史的悲剧和耻辱。在这场战争中，无数中国人的鲜血染红了海面。回族总兵左宝贵（1837—1894）血洒异国他乡，海军将领邓世昌捐躯黄海，"经远"号总兵林永升惨烈赴死，北洋水师提督丁汝昌（1836—1895）和"定远"号管带刘步蟾（1852—1895）自杀殉国……甲午英杰用生命捍

甲午英烈作战群雕

卫国家领土，那些可歌可泣的英雄事迹口口相传，流芳百世。

烽火硝烟自海来

在西方列强用坚船利炮敲开日本的大门之际，日本开始了它近代化的进程——明治维新。改革后的日本明治政府制定了所谓的"大陆政策"，宣称"开拓万里波涛，布国威于四方"，并开始寻找发动战争的机会。

朝鲜东学党起义成为日本发动战争的导火索。日本借口保护本国的使馆、侨民与清政府一起出兵朝鲜，东学党起义很快被镇压下去。但是，进入朝鲜的日本兵成为朝鲜半岛上的不安定因素，日本政府更是过分干涉朝鲜内政，不仅置清政府的警告于无物，还围困驻扎在牙山上的清军。朝鲜半岛上阴云密布，一场大战迫在眉睫。

李鸿章在光绪皇帝的催促下调派卫汝贵（1836—1895）、左宝贵等率军支援牙山清军，同时租用英国"高升"号商船运送士兵，并"天真"地在发送给时任直隶提督的叶志超（1838—1901）的电报上反复叮嘱："我不先与开仗，彼谅不动手。此万国公例，谁先开战，即谁理诎。切记勿忘！"很快，清政府为这份"天真"的电报付出了惨痛的代价。

朝鲜东学党起义场景图

光绪二十年（1894）六月廿三凌晨，清军与日军在丰岛海面附近相遇，日本用海盗式偷袭的方式，点燃了中日甲午战争的炮火。七月初一，清政府对日宣战，中日甲午战争正式爆发。

左宝贵：将军喋血战平壤

七月上旬，卫汝贵、左宝贵等率领增援清军陆续抵达平壤；中旬，叶志超等带领牙山败军2000余人与大军汇合，此时清军总兵力1.5万余人，而日军总兵力近2万人，大战一触即发。

左宝贵雕像

八月十六凌晨3时，日军猛烈炮轰清军城南阵地，清军将领马玉昆（？—1908）和卫汝贵奋勇抵抗。双方从凌晨激战到下午4时，天降大雨，日军饥寒交迫、哀鸣遍野，终于退兵。然而，城南战场的胜利无法挽回城北主战场的颓势。

日军的主力部队集结于城北战场，凌晨4时，日军猛烈炮轰平壤城东北及北面的牡丹台、玄武门一带，清军将领左宝贵指挥士兵打退敌人的数十次进攻，使日军不能越雷池一步。下午，日军如蝗虫般涌向牡丹台，左宝贵向统帅叶志超求援。贪生怕死的叶志超不顾大局，见死不救。左宝贵愤然而起："大敌当前，应同仇敌忾，宝贵食君禄，尽君事，誓与日军决一死战！"他随即回到阵地与日军浴血奋战。但是，由于弹药不足、人员伤亡惨重，牡丹台失守，玄武门暴露在敌人猛烈的炮火下。情势危急，左宝贵抱着与平壤共存亡的决心，穿上清朝朝服，站在玄武门城头。接二连三的炮弹在他的身边炸开，但他依然在城头督战，临危不惧，激励着官兵舍生忘死、奋勇杀敌。日军的一块弹片击中左宝贵的右肋，他裹伤坚持督战；日军新一阵密集的炮火雨点般地袭来，他连中两弹，壮烈殉国，清军士气大挫，玄武门沦陷，左宝贵成为中日甲午战争中牺牲的第一位清军高级将领。

邓世昌：血祭黄海得其所

自平壤告急后，清政府内求援电报接踵而至。八月十七，在平壤失守的同一天，李鸿章命令北洋舰队护送的增援清兵抵达大东沟。这次行动的最高将领是北洋水师提督。

第二日，久经战场的丁汝昌预估当天可能会遇到日本军舰，便召集部将研究返航路线。果不其然，中午11时30分左右，清军发现日本联合舰队自西南方向驶来，"定远"号右舷305毫米主炮立即发射震耳欲聋的炮弹，揭开了甲午海战的第一幕。

日军依仗军舰的灵活轻巧，在炮火交织的浓烟之中强行通过北洋舰队的正前面，攻击右翼军舰"扬威"号和"超勇"号，仅半个小时，两艘军舰上的官兵与军舰一起沉没于黄海。此时，双方陷入鏖战。战争局面在下午3时有了变化，日军舰炮击"定远"号帅旗，主舰指挥信号无法发出，北洋舰队陷入一片混乱之中。此时，北洋舰队主舰"定远"号上大火蔓延，其余各舰各自为战。在这最危险的时候，"致远"号上演了黄海海战上最悲壮的一幕。

"致远"号管带邓世昌指挥全体官兵英勇冲锋在前，在失去"定远"号的指挥后，毅然扯起帅旗，与其他舰配合作战。只是此时的"致远"号已经多处中弹。在弹药用尽的情况下，

邓世昌

邓世昌做出一个大胆而惊人的决定，他下令开足马力向日本军舰发动最后的冲锋。这种以自杀式冲锋的撞毁对方主力军舰的行为是一种战争策略，日军见状大惊失色，集中火力轰击"致远"号。最终，"致远"号沉没了，全舰250余人，只有27人获救，其余全都殉国。邓世昌本来不用死，他的随从、其他舰队将领甚至他的宠物犬都来救援，但他"义不独生"，自沉大海，年仅45岁。光绪皇帝闻讯，悲痛中写下挽联"此日漫挥天下泪，有公足壮海军威"，并赐邓世昌谥号"壮节公"。

"致远"号沉没了，"经远"号接替了它的使命，阻止日本军舰对"定远"号和"镇远"号的攻击，而自己却陷入日本第一游击队的围攻之中。面对日军猛烈的炮火，"经远"号管带林永升抱着与日军决一死战的决心指挥"经远"号左右还击日军舰队。一枚流弹击中林永升的头部，他倒在了指挥台上。但是，他的大副和二副指挥"经远"号向日军舰撞去，直到沉没的最后一刻。全舰200多官兵奋战到底，仅有17人生还。

"致远"号

丁汝昌和刘步蟾：精忠殉国铭心志

北洋舰队有两大基地：一是旅顺基地；一是威海卫基地。黄海海战之后，北洋舰队由旅顺基地移驻到山东半岛的威海卫基地。光绪二十年（1894）腊月下旬，日本军队登陆山东半岛，并联合日军舰队对威海形成包围之势。次年正月初五，威海卫保卫战正式开始。日军先进攻南北海岸炮台，打算用陆上炮台将北洋军舰摧毁。北洋海军提督丁汝昌见南岸炮台

丁汝昌

将要失守，立即组成敢死队，无畏的英雄们身负炸药与日军在南岸炮台同归于尽；随后，丁汝昌又将北岸炮台炸毁。南、北炮台的失守，加剧了刘公岛保卫战的惨烈。

正月十一，日军偷袭北洋舰队，"定远"号被鱼雷击中，只能充作炮台使用。"定远"号管带刘步蟾一面组织堵住"定远"号的漏洞，一面配合其他军舰打退日军的八次攻击。正月十六，在刘公岛守军弹尽粮绝、威海卫保卫战败局已定的情况下，刘步蟾亲手炸沉了这艘远东第一舰——"定远"号，而他自己在这冲天的火光中，用生命践行了他"苟丧舰，将自裁"的誓言。

"定远"号沉没的第二日，丁汝昌率军再一次打退日军。此时的官兵早已身疲力竭，丁汝昌遥望海面期待援军的到来。但是，李鸿章的一封信给予他致命一击。李鸿章指示丁汝昌从威海突围，争取保住铁甲舰，其余都炸毁。丁汝昌绝望至极，召集各舰管带和洋员们，决定背水一战，突围威海，失败的话就炸沉军舰，绝不留给日本。但是，投降派却毫不理睬他的建议，甚至威胁他一起投降。丁汝

昌毅然说："誓与舰队共存亡！"在战争的最后时刻，他吃下鸦片，等待死亡的降临。

中日甲午战争中国的战败给中华民族带来空前的危机，但中国人的热血因逝去而沸腾，无数的中国人站起来，用生命和血肉之躯捍卫祖国领土完整和国家尊严。1985年在山东威海建成中国甲午战争博物馆，馆内陈设以北洋海军和甲午战争为主题。中国甲午战争博物馆现在是"全国优秀社会教育基地""全国中小学爱国主义教育基地"和"全国爱国主义教育示范基地"。

北洋舰队随着中日甲午战争中方的失败而永沉黄海海底，然而，左宝贵的喋血平壤、邓世昌的血祭黄海、林永升的壮烈赴死、刘步蟾的精忠殉国、丁汝昌的以死铭志……众多甲午英烈用鲜血捍卫中国海军的尊严、用生命捍卫祖国领土完整的悲壮事迹，在史书上留下浓墨重彩的一笔，将永远被历史铭记。

中国甲午战争博物馆

后记

　　读到这里，我们奇妙的海洋之旅暂告一段落。

　　在这段旅程里，我们会看到秦皇汉武立于大海之滨，向浩瀚的海洋发出人类的挑战；会看到文化使者在大海的怒吼中勇往直前，将中华文化远播诸国；会看到文人以笔为口、以字为言，绘出海外的精彩世界；会看到七下西洋的郑和走在世界和时代的最前端；会看到谋海济国、经世为民的商人的爱国情怀；会看到捍卫海疆的民族英雄用生命和鲜血奏响保卫国家的英雄赞歌……

　　然而，这一切仅仅是个开始，是中华儿女走向海洋的开端，是中国海洋梦的起始……

图书在版编目（ＣＩＰ）数据

勇者乐海 / 赵成国主编 . − 青岛：中国海洋大学
出版社 , 2017.3　（2017.12 重印）

（中国海洋符号 / 盖广生总主编）

ISBN 978−7−5670−1119−9

Ⅰ . ①勇… Ⅱ . ①赵… Ⅲ . ①历史人物 − 生平事迹 −
中国 − 古代 Ⅳ . ① K820.2

中国版本图书馆 CIP 数据核字 (2016) 第 072275 号

勇者乐海

出　版　人　杨立敏

出版发行　中国海洋大学出版社有限公司

社　　　址　青岛市香港东路23号

责任编辑　杨亦飞　　　电话　0532−85902533

图片统筹　陈　龙　张跃飞

装帧设计　石　盼　王谦妮　陈　龙

插　　　图　王谦妮

印　　　制　日照日报印务中心　　　邮政编码　266071

版　　　次　2017年3月第1版　　　电子邮箱　yyf_press@sina.cn

印　　　次　2017年12月第2次印刷　订购电话　0532 − 82032573（传真）

成品尺寸　185 mm × 225 mm　　　印　张　10

字　　　数　145千　　　　　　　　印　数　1−5000

书　　　号　ISBN 978−7−5670−1119−9　定　价　32.00元

发现印装质量问题，请致电0532−88785354，由印刷厂负责调换。